红色记忆® 23

战斗在雷琼海峡地下交通线上的英雄们

海南省文化交流促进会　编

南海出版公司
2013・海口

图书在版编目（CIP）数据

红色记忆·第1辑·23 / 海南省文化交流促进会编 .
-- 海口：南海出版公司，2013.6（2025.1 重印）
ISBN 978-7-5442-6605-5

Ⅰ．①红… Ⅱ．①海… Ⅲ．①革命传统教育—中国—青年读物②革命传统教育—中国—少年读物 Ⅳ．① D642-49

中国版本图书馆 CIP 数据核字（2013）第 141651 号

HONGSE JIYI · DI 1 JI · 23
红色记忆·第1辑·23

作　　者　海南省文化交流促进会
总 策 划　刘　栋
顾　　问　贾延岩
执行总编　任在齐　张　桐　张爱国
责任编辑　聂　敏
封面设计　郑广明
排版印务　何怡欣
发行总监　杨成春
出版发行　南海出版公司　电话：（0898）66568508　66568511
社　　址　海南省海口市海秀中路 51 号星华大厦五楼　邮编：570206
电子信箱　nhpublishing@163.com
经　　销　新华书店
印　　刷　天津睿意佳彩印刷有限公司
开　　本　787 毫米 ×1092 毫米　1/16
印　　张　6.25
字　　数　100 千字
版　　次　2013 年 6 月第 1 版　2025 年 1 月第 2 次印刷
书　　号　ISBN 978-7-5442-6605-5
定　　价　39.80 元

对历史无知的人，没有真正的信仰可言；没有信仰的人，不可能拥有美好的理想，不可能胸怀崇高的情感，也就不可能担负起任何责任。用欲望文化代替历史教育，足以使一个国家的青年被腐蚀、使一个民族的希望被毁掉，使这个国家和民族被永世万代地奴役！

鉴于此，我们呼唤历史，唤回那段属于二十世纪的“红色”历史，唤回那段炮火硝烟、颠沛流离的历史，唤回那冲天的狼烟留下的悲壮回忆、岁月年轮沉淀的斑驳痕迹。历史不应该被忽略，更不应该被遗忘，牢记那段革命战争年代的红色历史更是责任。为了那些不应该被忘却的记忆，为了那些不应该被丢弃的信念，于是就有了这套《红色记忆》丛书。

曾记否，当草鞋与意志丈量出来的两万五千里穿越一个伟大民族五千年的荣辱兴衰，革命的火种被一路播撒、一路点燃。人迹罕至的雪山、荒无人烟的草地被鲜血浸透，衬映出一段光辉的里程；万水千山早已被远远地抛在身后，一轮红日在黄土高原磅礴而起。满目疮痍的河山在1936年10月温暖如春……

曾记否，当生命和鲜血浸染的十几年光阴将一种记忆铭刻进一个伟大民族的历史画卷，革命的火焰从星火到燎原。这栏杆拍遍、易水悲歌般的呼号，这折戟沉沙、慷慨赴义的悲壮，这铁马冰河、枕戈待旦的苦战，这红旗漫卷、所向披靡的豪迈……腔腔热血、铮铮铁骨早已被熔铸成一座不朽的丰碑，中华民族从苦难中百死后生的壮丽诗史凝结成了五星闪耀的红色记忆。

曾记否，中华人民共和国成立以来，又有无数英烈接过前辈用鲜血染红的旗帜，或壮怀激烈戍边卫国，或忠于职守鞠躬尽瘁，或绝甘分少奉献大爱，甘做国家强盛、人民富裕的铺路石，成为和平年代民族复兴的荣光，把人民心中的红色记忆浸染得分外鲜艳，永不褪色。

这红色记忆，是信念不衰、志向不改的崇高气节；这红色记忆，是无私无我、生属苍生的博大胸怀；这红色记忆，是敢为人先、披荆斩棘的拓荒精神；这红色记忆，是中华民族最宝贵的精神财富。它告诫我们，人事有代谢，传承无绝期。缅怀先烈精神，继承先烈遗志，是社会的道德和民族的良心，是后来者须臾不可忘怀的本分。

老一代人把历史的真实交付给我们，我们有责任用真实还原历史，传承给下一代，把那段岁月与现在年轻人的生活连接到一起，使他们眼中的历史变得立体、真实、可靠，让历史成为他们前进的动力。本丛书将那些流动的、随时会飘散在时间天际的事件凝固下来，希望透过这些文字、图片，感受到英雄们那坚定的革命信念，感受到那个年代澎湃的革命激情，真切体会那段“红色历史”。

忘记历史，就意味着背叛。让我们重温历史，缅怀先烈，从中汲取力量，毅然前行。

刘栋

目录 CONTENT

父亲苏静将军与北平和谈

文 / 苏晓林

苏　静

苏静（1910—1997 年），曾用名苏孝顺，福建海澄（今龙海市）六口碑村人。早年赴缅甸谋生，1932 年回国参加海澄县红军游击队，同年转入中央红军第一军团，1936 年加入中国共产党。土地革命战争时期，历任红一军团总指挥部参谋、科长等职，参加了中央苏区第四、第五次反“围剿”和二万五千里长征。长征中率侦察部队前出收集情报，为长征的胜利做出了重大贡献。抗日战争时期，历任八路军一一五师东进支队司令部秘书长兼军法处处长、师司令部科长、政治部保卫部部长兼敌工部部长、战时工作委员会公安处副处长、山东军区政治部秘书长等职，参加了平型关等战役和开辟山东抗日根据地的斗争。解放战争时期，历任山东军区参谋处副处长兼情报处处长、东北民主联军司令部情报处处长、东北野战军司令部作战处处长兼教育处处长等职，参加了开辟东北根据地的斗争和辽沈、平津、渡江等战役。在平津战役中，作为我军代表进入北平同傅作义的代表及傅本人进行谈判，为和平解放北平作出了特殊贡献。1955 年被授予中将军衔。曾获二级八一勋章、一级独立自由勋章、一级解放勋章。

父亲苏静将军当时是解放军东北野战军的参谋处长。他自始至终参加了北平和谈的全过程。最后他受命只身一人随傅方人员秘密进城，与傅作义直接谈判对话，起草了《关于和平解决北平问题协议》并代表我军在协议上签了字。

1948年11月，东北野战军奉命隐蔽入关，夜行晓宿兼程开抵华北战场协同华北野战军，于12月中旬将华北国民党军分割，包围于北平、天津、张家口、新保安等城市。

12月14日，傅作义派代表携电台出城寻求与我军谈判。接到报告，罗荣桓政委指派父亲负责接待。12月16日父亲立即组织了一个接待班子，带了十几名战士和电台及报务员，在离司令部不远的八里庄选择了一套房子作为谈判地点。

傅方代表是傅作义主办的《平明日报》社社长崔载之和该社采访部主任李炳泉。李炳泉是中共地下党员。他们提出：要我军放出被围在新保安的三十五军，使该军回到北平城，我军可与其一起进城；傅先生通电全国，宣布北平实现和平解决；建立华北联合政府，傅的军队由联合政府指挥。父亲立即将其所谈内容报告了平津前线首长。

12月19日，平津前线司令部参谋长刘亚楼来到八里庄，根据党中央的方针和平津前线首长的指示，阐明了我军对和平解放平津的基本原则："以放下武器、解除武装为前提，绝不允许保存其反动武装力量，更不允许通电全国建立华北联合政府，如蒋系顽固的军、师长反抗，可先将其逮捕。可以给傅部编两个军。"对此，傅作义回电表示，城内蒋系军队比他的兵力大十几倍，如要逮捕蒋系军、师长有困难，实不宜实施。

当时我方不同意傅发通电，也是担心这样一来，蒋系部队会先下手，把傅系军队解决掉。12月23日，傅作义在给毛主席的电报中仍坚持通电全国。傅方提出的条件和要求与我方的基本方针距离很大。接着，崔载之被召回城内，将李炳泉和电台留在八里庄继续与我方保持联系，第一次谈判即告结束。

由于我军强大攻势，战场的形势发展很快。12月22日，驻守新保安的敌三十五军被我军全歼；24日下午，驻守张家口的敌军十一兵团所属五万四千余人被歼，张家口解放。这对傅作义的打击和震撼很大，按照他自己设计的方案进行和平谈判的幻想破灭了。

1949年元旦，党中央和毛主席电示平津前线领导，提出我方六条意见，由李炳泉回城向傅转达。这六条意见表明了我党、我军和平解放北平的诚意。

1月6日，傅作义派少将处长周北峰前来进行第二次谈判。1月8日，聂荣臻司令员到八里庄，听取了傅方代表的意见。1月9日，林彪、聂荣臻一起来到八里庄与周北峰会谈。经过谈判双方的意见渐趋一致，即把驻守平、津的国民党军全部调出城外，到指定地点接受我军改编。经过整理，形成了一个《谈判纪要》，在纪要上最后特别写上了一条，规定1月14日以前作为傅方答复的最后时限。周北峰在纪要上签了字，并带回北平城。傅作义看了《谈判纪要》后，唉声叹气地说"所谈的问题还不够具体"，不肯明确表态。

此间，傅作义在城内开辟了天坛、东单两处临时机场，南京往来的飞机起落频繁，可见傅作义还没有最后下定决心。

1月13日，华北“剿总”副总司令邓宝珊将军偕同周北峰前来进行第三次谈判。由于平津前线司令部已前移到通县附近的宋庄，为便于谈判，父亲也将谈判场所移到了离宋庄不远的五里桥。13日下午，林彪、罗荣桓、聂荣臻从宋庄来到五里桥与邓宝珊、周北峰会晤。聂荣臻司令员说：“上次谈判中规定十四日是答复的最后期限，现在只剩下几个小时了，这次再谈就不包括天津了，只谈北平的问题。”在谈判中，对方的态度有了新的改变，再次提出成立联合政府等问题。林彪说：“现在没有别的条件可谈了，只有照上次谈过的，按平津前线司令部的规定，命令北平守军开到城外指定地点，接受人民解放军改编，别的办法都不可能，只有这一条路。”由此可以看出，在我军解放天津之前，傅作义一直想成立联合政府，而我方只同意北平守军出城改编。傅作义曾指示天津警备司令陈长捷：“你们打好仗就好办，要能打才能和。坚定守住，就有办法。”

14日10时，我军对天津守敌发起总攻，激战二十九个小时，全歼守敌十三万余人，天津警备司令陈长捷等高级将领被俘。天津的解放，打破了傅方在谈判中讨价还价的幻想。

1月15日，林彪、罗荣桓、聂荣臻一起来到五里桥与邓宝珊、周北峰再次会谈。对北平国民党军开出城外的指定地点，进行改编的方案，华北“剿总”和部队团以上军官的安排原则，北平国民党军政机构的接收办法等达成了基本协议。邓宝珊最后提出要我方派代表进城，进一步联络商谈，并强调这是傅作义的希望。在此之前，中央已有电报指示，要派一个懂得我们全部策略态度，并且机警、有应付能力的人进城。双方正好不谋而合，林彪当场表示派父亲随邓宝珊一起进城。最后林彪把一封由毛主席亲自写的以林彪、罗荣桓的名义致傅作义的信当面交给邓宝珊，请他转交给傅作义。

在送走林彪、罗荣桓、聂荣臻后，邓宝珊立即把信抽出来看。邓看完后很惊讶，当着父亲的面，对周北峰说：“这封信太出乎意料，措辞很严厉，傅作义不一定会受得了。暂不交给傅作义看，以免节外生枝，把事情搞僵，甚至推翻协议，使谈判功亏一篑。”

人民解放军与傅作义代表第三次谈判旧址

父亲立即将这一情况向林彪、罗荣桓、聂荣臻做了汇报。林彪表示暂时不把信交给傅作义也可以。

父亲进城需穿便

苏静（右二）勘察地形

1937 年在陕北宫和镇合影。前排左起：苏静、程子华、聂荣臻、孙毅、王秉璋

1937 年红军指战员在陕北的合影

衣，因为找不到便衣，就与李炳泉换了衣服。1月17日父亲与邓宝珊、刁可成、邓的副官王焕文一行四人一起上路了。路上邓宝珊又提出打算暂时不把信交给傅作义。因为林彪对此事已有表态，父亲心里已经有了底，便说："您可以决定！暂时不交也可以！"他们从清河步行走小路，下午就到了德胜门，华北"剿总"秘书长王克俊在那里迎候，于是乘车到了东交民巷御河桥二号傅总部的联谊处。这里是日本大使馆的旧址，原来住着不少国民党的高级贵宾，刚空出来，以前还经常在这里举行记者招待会。此时，整幢大楼却只有父亲和崔载之两人住。院子南墙外驻守了一个特务营专门负责警卫，院外还有便衣巡逻。可以看出，为了保密，防止特务破坏，傅作义做了精心安排。当晚，驻守在朝阳门自来水厂的蒋系部队发生了一次兵变，被镇压下去。

1月18日，傅作义前来看望，并表态说："你们可以一起再商定一个切实可行的和平解决的具体办法。只要有利于北平和平解决，使这个历史悠久的文化古城免遭破坏，怎样的解决办法都行，你们可以算是双方的全权代表了……"父亲说："我只能起一个联络员的作用，有什么要解决的问题，我可代为联络，请示平津前线的领导，还可以通过电台联系。"当天发生了一起爆炸事件，特务在积极进行和平活动的原北平市长何思源家里放了一颗炸弹，何思源被炸伤，其一个女儿被炸死。

1月19日，父亲与崔载之等人根据在城外已达成的协议基本精神，一条一条地具体化，提出一条，研究一条，写上一条，很快就达成了一个十八条的协议。父亲将协议通过电台，报告平津前线首长，请示作最后决定。这个具体协议上报了中央军委和毛主席。毛主席对条文内容和词句作了一些修改后，由平津前线司令部电台发回，遂成正式协议。

1月21日，父亲和王克俊、崔载之分别在协议上签了字。协议即开始生效实施。崔载之意味深长地说："当年袁世凯签订丧权辱国的'二十一条'，就在这个地方。如今我们为和平解决北平问题拟定十八条，也是在这个地方。"当天，傅作义将协议的某些要点通过国民党中央社发表。1月23日，《平明日报》发表了协议的主要条文。

在这个过程中，父亲与平津前线司令部的电报往来频繁。协议签订前请示汇报协议的条款内容和一些细节问题，协议签订后汇报协议的实施情况以及具体步骤，联络傅方军队开出的方法、时间、地点和部队的番号及人数等。每次发电都是父亲亲自拟稿，他们看了，都夸奖父亲的电报稿文字简洁精练。父亲上过师范学校，在当时解放军部队将领中，文化程度算是较高的。他善于周密思考，处理问题十分慎重，这也是他参加谈判、完成任务的有利条件。

为了保证协议的顺利实施，傅作义作了周密布置，以其合法地位，亲自主持了军以上高级将领会议。开会时，气氛很紧张，参加的人一律不许带武器。会上，由"剿总"参谋长李世杰概述形势和同我方谈判的经过，由"剿总"秘书长兼政工处处长王克俊讲述和平谈判的必要性和需要注意的事项，宣读已达成的协议条文，征求到会将领的意见。他们绝大多数表示赞同协议，认为这是一条最好的出路。从这里，我们可以看出整个北平和谈是一个水到渠成、瓜熟蒂落的过程。没有打也就不会有和，每打一次，和谈就进一步，直到天津解放，我军只用了二十九个小时就全歼守敌。这对北平国民党守军的震慑是可想而知的。有了天津的胜利，傅作义履行协议就要顺利得多，否则，即使傅自己想要和平解决，也是力不从心，因为蒋系部队要比傅系多十几倍，这也是傅作义在开始时总是迟迟不能下决心的一个原因。

1949年2月中旬，周恩来（左一）、傅作义（左三）、邓宝珊（左二）在西柏坡合影

协议签订后，傅作义将军很高兴，派人在中山公园召开中外记者招待会，宣布了协议的主要内容。此间，父亲在联谊处时常可听到东单临时机场上空小型飞机的轰鸣声，说明南京方面仍与北平有往来，仍想干扰北平和平解决。

随后，傅作义又分别召集北平市负责人和“军统”“中统”的头头开会，或进行个别谈话，要他们作移交的准备工作，释放政治犯，将狱中的共产党员、进步青年、学生、工人、进步人士释放出来。

1月25日父亲接到命令，要他立即出城到宋庄汇报工作。父亲一进门，罗荣桓政委就面带笑容地问：“由邓宝珊带给傅作义的那封信，交给傅作义看了没有？”父亲答：“不清楚。”聂荣臻司令员接着说：“你今天还要回去问一下邓宝珊，若还未交，你要催促他，并同他一起去见傅作义，务必要告诉邓宝珊在今明两天让傅作义看到那封信。”当晚父亲赶回城内，找到邓宝珊将军，问他：“你进城时带给傅作义将军的信交给他没有？”邓宝珊愣了一下，困惑不答。父亲会意，便提出与他一起带上信去见傅作义。邓宝珊与父亲一同乘车来到中南海居仁堂，受到傅作义的热情接待。在交谈中，邓宝珊乘机到傅作义的内屋去了。直到与傅作义告别时父亲一直也未提及有这么一封信的事，也未再问邓宝珊交信的事，便与邓宝珊各回住处了。后来听说邓宝珊把信交给了傅作义的女儿傅冬菊，托她转交。傅冬菊是中共地下党员。

1月26日下午，东北野战军政治部副主任陶铸、华北人民政府财政部部长戎子和、即将就任北平副市长的徐冰等，在周北峰陪同下一起进城。当晚傅作义在中南海居仁堂设宴款待，共祝北平问题和平解决。宴后，傅作义与我方代表

1949 年 1 月 31 日北平和平解放，中国人民解放军举行了入城式

共同研究了国民党军出城的顺序、分批开出城外的指定地点、双方联合办事机构事宜以及工矿企业、政府机关移交等事宜。

1 月 30 日前，傅作义的“结束办事处”和其警卫团从中南海移驻五棵松原华北“剿总”旧址。

1 月 31 日，东北野战军第四纵队根据总前委的决定分别与傅作义的守城部队顺利地交接了防务，担任北平的警备任务。

1949 年 2 月 1 日，新华社发表了给傅作义的信的全文。傅作义见报后情绪异常激动，要求指定一个看守所去报到。2 月 3 日，傅作义给林彪、罗荣桓写信说:“两年半戡乱战争的严重灾难，我愿担当错误责任，愿意接受任何惩处。”由此可见，直到这封信见报之前，傅作义一直都未看到它，而这封信对傅作义的影响之大也就毋庸置疑了。2 月 8 日，林彪、聂荣臻、叶剑英邀请傅作义和邓宝珊到北京饭店，宴前作了长谈。林彪赞扬了傅作义对和平解决北平和保护文化古都所作的贡献。在说到给傅作义的通牒时，林彪谈到，这是合乎他过去行为的事实，事后公布此信，乃是将他过去的错误作一结论，既不因傅作义过去之罪，抹杀今日北平之功，也不可因傅作义今日北平之功而含糊过去之罪。当时谈话在场的还有父亲、陶铸和南汉宸三人。

这封信引起了我很大兴趣，于是我找到了这封信的原文。这是一封最后通牒性质的信，信中词句严厉的部分有这样一段：

贵将军接受南京国民党反动政府的“剿匪戡乱”之伪令，率领所部数十万反动军队向着绥远、察哈尔、河北、热河及山西北部人民解放区和人民解放军发动残酷的进攻。先后攻占……（地名略）。贵部军行所至，屠杀人民，奸淫妇女，焚毁村庄，掠夺财物，无所不用其极。在贵军管辖地区则压迫工、农、兵、学、商广大人民群众，出粮、出税、出力、敲骨吸髓，以供贵将军及贵属所谓“戡乱剿匪”之用。在贵将军及贵属统治之下，取消人民的一切自由权利，压迫一切民主党派及人民团体使其丧失合法地位，压迫青年学生们的爱国运动……

信中最后写道：

城破之日，贵将军及贵属诸反动首领，必须从严惩办，决不姑宽，勿谓言之不预。

（本文选自《海内与海外》）

魏天禄与红军服

文/郭一江

魏天禄

魏天禄（1908—2011年），湖北天门人。1928年加入中国共产党。1929年参加中国工农红军。1955年被授予少将军衔。荣获二级八一勋章，二级独立自由勋章，一级解放勋章。1988年被授予一级红星功勋荣誉章。是中国人民政治协商会议第五届全国委员会委员。

魏天禄1929年入伍时，整个红三军都没有军服，就连贺老总也是一身便衣，战士们穿的是从洪湖革命根据地撤退时的衣服，补丁摞补丁，晴天一身灰，雨天一身泥，难辨本色。

1934年10月，红三军与红六军在黔东会师，红三军恢复了红二军团番号。会师时，魏天禄留意到红六军的战友军装齐整：灰布军装、镶着五角星的八角帽。他羡慕不已。

那时，部队物资匮乏。有次好不容易搞到一块布，他却左右为难，既想补衣服，又想打草鞋。一量尺寸，做衣服不够，打草鞋又浪费。最终拼凑着给短裤续上了裤筒，改作了长裤。在部队中，他能缝善补，帮战友做了不少针线活儿，很快就得了一个“魏裁缝”的称号。1934年11月7日，部队打下永顺城，他才穿上了一套灰布军装。

1935年11月，红二、六军团开始长征，后来在贵州毕节建立根据地，收编了九十多支地方武装。魏天禄时任红二军团第六师十八团政委，奉命去给一支土匪武装做思想工作。

红军立足未稳，敌军尾随而至。在驻扎了二十多天后，红军即将继续长征，土匪武装则阴晴不定，今天看上去还听话，明天就有可能反抗。

红军帽

魏天禄率部开拔，行至山岭悬崖处，他听到身后有扳机声响，回头一看，黑洞洞的枪口正指着他后脑。幸好那一发是臭弹，没有打响。

魏天禄趁势冲向悬崖，纵身一跃。当他醒来时，身上的红军服已被岩石、树枝挂成一条条，伤口渗出的鲜血，染红了军服。他忘记了身上的痛，只心疼刮坏了的军服。

他一瘸一拐地回到部队，恰好碰到了“解放军第一位女将军”——李贞。见魏天禄衣衫褴褛、沾满血污，李贞把他带回营房，拿出自己的军服给他换上。

那时，每个人都没有多余的军服。李贞把军服给了魏天禄，让他很感动。

长征路上，补给困难，魏天禄对军服格外珍惜，破了烂了，有布就打块补丁；没布就缝缝补补继续穿。枪带容易磨损军服，他就用子弹带和米袋垫在肩膀处。

魏天禄

这套红军服伴他走过二万五千里长征，伴随他走到宝塔山下、延河水边。奔赴江南抗日，他把八角帽藏在背包里，舍不得上交。

（本文选自《文汇报》，有删改）

浙南巾帼英雄血洒苏南大地

文 / 林秋芳

林心平

苦难的童年

我的二姐林心平，原名林秋侠。1919年晚秋出生，排行第三。还在小学读书的时候，大哥已外出谋生，残疾的大姐出嫁，家里欠了一些债，父亲为了减轻负担，让二姐停学去打零工帮助养家糊口。二姐可是个有志气的女孩子，死活不肯停学。此事被二姐的级任老师王扬西知道后，立即跑到我家劝说父亲，说林秋侠聪明好学，成绩很优秀，将来定有出息，你误了她是很可惜的。你们家里有困难，我把学费免了，不要耽误她。父亲只得勉强答应，二姐亦向父亲保证放学回家，一定帮家里干活。母亲为了增加点家庭收入，在家里养蚕，一年两季忙不过来，二姐每天一下课就急忙往两里外的桑园买桑叶，有时还得自己爬到树上采摘，遇到下雨天，全身都湿透了。她知道母亲是个“小足”，行动不便，弟妹还小，这些累活只能由她来承担。其实她那时只有十来岁，身体瘦弱，力气不大，但有一股韧劲，不怕吃苦，不怕累。她把桑叶背回家后，还得忙家务，要到很晚才能坐下来做作业。到了星期天，她还得去茶厂挑茶叶梗，挣点零钱来买学习用品，就这样熬到了小学毕业。因家里交不出上中学的学费和伙食费，她失学了。她只好在家里打零工，还替人织毛线，边织毛线衣边看书。辍学的两年间，她如饥似渴地把家里的书都看遍了，还想方设法到民教馆一本接一本地借书，有古典小说，也有进步书籍，如鲁迅、冰心的书，还有杂志。大哥林怡（杨进）在上海也经常寄进步书籍回来，使她得益不少，思想进步了，境界提高了。同时她还不断地写信要求大哥帮助她继续升学。

林心平的哥哥杨进

宣传抗日　被捕入狱

1935年春天，大哥在南京找到了一份工作，没过多久，真的寄钱回来，二姐终于又可以继续上学了。她高兴得跳了起来。同年夏天她以优异成绩考取了温州师范学校简易部，她很珍惜这来之不易的学习机会。入校后她学习勤奋、成绩优秀，深得老师赞许和同学们的羡慕。她关心政治，时常和一批进步的有正义感的同学交谈国家大事；对日本侵略者入侵东北，国民党政府采取不抵抗的政策，非常愤慨。从第二个学期开始，在一二·九运动的影响下，温师的学生也冲破了国民党的禁令，走出校门宣传抗日救国。二姐在高年级进步同学带领下，在校内组织宣传队，办校刊、出墙报，从街头到田头，向人民群众宣传抗日救国，她干得特别起劲，很快被推为温师学运的领导骨干之一。温师的学生运动引起了校方和国民党当局的注意，对林秋侠等低年级学生先是利诱，允诺其若退出学生运动，可给予较多的公费享受，毕业后优先安排介绍职业；利诱不成便进行威胁，再不安分守己立即开除出校。林秋侠面对这些利诱威胁嗤之以鼻，不予理睬。她说：“谁愿意当亡国奴？国家兴亡，匹夫有责，宣传抗日救国是正义的。开除，不怕；回家讨饭，可以；要我不宣传抗日，办不到。”她在日记中写道：“在敌人的铁蹄下还读什么书？宁为我国鬼，不为异国奴。”校方看多次利诱威胁不成，就下了开除令，她和几个同学被开除了。

1936年6月底，她愤愤不平地回到家里。正好表姐蔡翠云也在温州中学参加抗日救亡运动被勒令退学来到我们家，两人碰在一起，谈起了被校方无理开除的事，无限愤慨。第二天，两人就上山找游击队要求参加革命，浙南地下党吴毓同志接待了她们。吴毓看她们年龄还小，告诉她们暂时在家搞抗日宣传工作，并交给她们一份《浙南反帝大同盟告浙南青年书》，要她们刻印散发。她们欣然接受了这个任务，回家后首先去水头小学做校工的工作，连夜刻印了数千份传单，在水头街及周边乡村散发张贴，引起强烈反响。国民党当局大为震惊，反动区长楼钟声立即派出自卫队进行大搜捕。一天清晨，有十来人闯进我们家，翻箱倒柜，搜了很久。我正好和二姐睡在一起，吓得哭了，二姐连忙搂着我。那天表姐也住在我们家，结果在表姐的网篮里搜到了一张传单，反动军警如获至宝，立即把二姐和表姐抓走，同时被抓的还有父亲，他们被关进国民党区署。第二天国民党在《浙瓯日报》上大幅刊登消息，林秋侠、蔡翠云报上有名。国民党区长楼钟声了解到这两个女学生是在校搞抗日宣传被校方开除的，认为这次水头散发传单事件一定跟她们有关，想从她们的嘴里打开缺口，就连夜审问：“你们散发传单受谁的指使？”二姐很镇定，任凭敌人威吓利诱，她都不怕，反问：“宣传抗日有什么罪，难道你们不抗日也不准我们抗日，甘心做亡国奴？”二姐始终坚持一句话：“传单是路上拾来的，没有人指使。”敌人得不到什么信息。林秋侠被打得遍体鳞伤，被折磨了十多天，国民党还是得不到任何口供，便把她们押送到平阳县关进大牢。反复过堂刑审，林秋侠始终坚贞不屈，义正词严地大谈抗日救国的道理。当时水头有个爱国民主人士黄强，听了大堂几次刑审，深受感动，回来对我父亲说，你女儿真了不起，小小年纪就这样有胆识，口才又好，法官都被她说动了。二姐在平阳被关了一个多月，由于党的营救和民主人士作保，加上社会舆论的谴责被暂时释放。回到家里，二姐的身体非常虚弱，按说需要调养一段时间，但她深知处境危险，决定马上离开。在家仅住了一个晚上，第二天凌晨就上山找游击队正式加入革命队伍。我那天晚上挨着二姐睡，第二天一早醒来不见了二姐，母亲瞒我说她到山门探望祖母去了，过几天就回来。我天天等天天盼，可二姐这一去就再没有回来，那时还不知道这次竟是永别了。多么残酷的事实啊！

踏上革命征程

二姐上山参加浙南红军游击队，正逢大哥杨进受浙南地下党委派去上海与中共中央特科取得联系，使浙南地下党与上级党组织接上了关系。同时中央特科委托杨进将中央文件带到浙南转交给闽浙边临时省委，使闽浙边临时省委和红军挺进师也恢复了与党中央的联系。刘英、粟裕非常重视，立即向党中央写了有关红军挺进师进入浙江的情况报告，委托浙南地下党送交上海党组织转送党中央。那时国民党统治区白色恐怖严重，把一份密件从浙南山区送到上海，要通过层层关卡，任务十分艰巨。领导经过慎重研究，决定把这项任务交给林秋侠。二姐接受了这个光荣且艰巨的任务，她

抗日战争时期林心平战斗过的茅山长荡湖地区

1941 年，林心平在鲁墅村上讲课的老房子

1942 年 7 月 18 日，林心平被捕地点儒林妇科药店“树德堂”

当即表示："宁可丢头颅，决不失密件。"她乔装改扮，藏好密件，化名梁玉，在浙南地下党黄先河同志和几个游击队员的护送下，避开敌人的巡逻队和岗哨，专拣小路走，在山沟里绕行了几百里路，辗转到了温州。又在温州地下党的安排下，只身一人乘上轮船，于9月上旬到达上海，按照约定的接头地点，把文件安全地交到了中央在上海地下党组织的手里。那时她才十六岁。上海地下党的领导对二姐机智勇敢、不畏艰险的精神很赞赏，决定留她在上海地下党机关工作。让她和曾参加海陆丰暴动的老党员赵壁华及其爱人陈洁在一起，和担任重要情报工作的老米（季刚）单线联系，并由季刚介绍参加了共产党，不久即调到保存中央文库的陈为人处搞内勤工作。西安事变后，全国形势起了新的变化，陕北党中央和上海办事处的重要政治交通来往更加频繁，二姐又调到政治交通站与大哥杨进一起担任掩护工作，她严格遵守党的机密工作纪律，机智勇敢严谨认真，得到了领导的信赖。

七七事变后，蒋介石被迫同意将红军主力改编为国民革命军第八路军。上海公开成立八路军驻沪办事处，二姐调办事处任机要秘书，得到李克农、刘少文等领导人的好评，称她是"胆大心细、机智灵敏、工作认真、不知疲劳的好同志"。

1937年11月日军占领上海，办事处转入地下，组织上调她到延安参加抗日军政大学第三期学习。在校期间她刻苦攻读马列主义经典著作，认真聆听毛泽东同志和其他领导人的报告，接受了严格的军事训练，政治觉悟和军事素质得到很大提高，获得李逸民、赛先瑞等同志的一致赞扬。

打进"忠义救国军" 引领迷途青年

1938年夏天，二姐结束抗大学习，被派往武汉中共中央长江局工作。当时全民抗日爱国热情很高，青年纷纷投笔从戎，有相当一部分爱国青年参加了"忠义救国军"这是一支为国民党特务系统所控制的新军，急需一个能干的同志进去做抗日的政治宣传工作。这时正好"忠义救国军"在华中地区（武汉一带）成立战地服务团，二姐由组织指示安排，隐匿党员身份，化装成逃亡学生，毅然参加，改名为林心平，以时刻告诫自己适应逆境。由于她能干，不久当上了战地服务团的政治干事，取得了合法身份，为开展工作提供了方便。她在青年中广泛交朋友，进而秘密宣传共产党的抗日政治主张，逐步使这些爱国青年认识到他们误入歧途。秋天时，国民党战区当局决定将部分青年集中到安徽屯溪接受特别训练。林心平根据党的指示，一面通过各种方法与团内"反共"老特务展开斗争，一面鼓励青年坚定信心，坚持抗日救国的立场。在僵持的情况下，提前采取果断的行动，帮助青年们集体离队，脱离逆境。其中大部分青年转到闽浙一带，分别参加新四军领导的游击队及各地的抗日救亡工作。冬天，林心平被调到中共金华特委，去做文化界的统战工作，虽然她还很年轻，但她的政治文化水平深为文化界人士所赏识。经过革命斗争的锻炼，她已成为我党一个有胆有识的优秀的青年干部了。

1939年春天，二姐被调到中共中央东南局妇女部，在李坚贞的领导下开展妇运工作。

开辟新区　发展抗日武装

1939年秋天，以茅山为中心的苏南抗日根据地在陈毅、粟裕的领导下，得到迅猛发展。根据《中共中央对时局的指示》精神，中共中央东南局决定向茅山根据地派出一批干部，以贯彻中央“向南巩固、向东作战、向北发展”的战略方针，林心平主动要求上前线，1940年春天，林心平被派到新四军江南指挥部，任一支队文工团副团长；后又派去溧阳新昌地区，帮助开辟新区工作。新昌地区是“日伪顽”的军事前线，这是个十分艰险的任务。林心平以坚定的革命意志，向组织保证完成任务。

林心平进入新昌，根据县委的安排，以探亲为名，借住在一位两面政权的乡长家里。她直率地表明了身份，要乡长深明抗日大义，认下亲戚关系，保护她在新昌地区开展工作；对外说自己从小跟哥哥在外做工，因日军入侵，兄妹失散，在新昌村办个夜校、筹集路费回家。在蒋万象等进步青年的帮助下，仅一个月时间，办起有三个大班，一个高级班，合计三百多人的夜校。她夜里在夜校教农民识字、唱歌，白天挤时间走访农家或到田间与农民一起劳动、谈心，宣传抗日。后又在陈毅司令员领导创办的光华中学担任音乐教员。她还利用课余时间，到周边小学教唱抗日歌曲，宣传党的抗日方针政策。由于抗日宣传工作的深入开展，培养了一批农民积极分子，逐步组建农抗会、妇抗会。继而开展建党工作，发展了蒋万象等革命青年入党，建立了党支部。并以夜校学生为基础组织了一支一百多人的青年抗日救国团，由蒋万象任团长，并在团内发展党员建立党支部。新昌地区的局面打开了，但林心平长期劳累过度，身体很差，群众见她脸色苍白，身体消瘦，十分心疼，一些老太太、大嫂见她路过，总要塞给她几个鸡蛋或一把花生米。但她知道群众缺吃少穿，生活困苦，从不肯接受。有些妇女饱含热泪真情地说：“你真是好人啊！为国家、为我们日夜工作，你可不能累倒、病倒啊！”青抗团建立后，新昌地区的抗日斗争逐步公开化了。林心平决心将青抗团建成游击武装，只有争取国民党自卫队并入青抗团，把青抗团武装起来才行。为此，林心平带着蒋万象，以她那英勇无畏的胆识，到别桥面见国民党溧阳县党部书记长蒋延鉴，晓以抗日大义及其利害关系。经过一番交涉，蒋延鉴终于同意把自卫队全部人枪与青抗团合编成抗日游击队，由蒋万象领导。从此新昌地区有了一支党领导的抗日武装队伍，武装斗争从秘密走向公开，新昌地区的抗日斗争得到了巩固和发展。国民党人不禁感叹：“想不到新昌地区竟被一个黄毛丫头赤化。”

孤身入虎穴　里应外合解除敌武装

1940年初，国民党掀起第一次“反共”高潮。同年夏天，大批国民党部队进驻苏南，企图限制抗日游击队的发展。国民党派遣四〇师直属特务营悍然进占金坛西南游击区中心的潘家村地主炮楼，派捐收粮，坑害老百姓，对游击区的巩固发展威胁很大。这时林心平奉命到金坛西南工委工作。中共金坛西南工委召开紧急会议研究对策，决定挖掉这个毒瘤。会上，林心平建议：“特务营人多，武器精良，加上潘家村四周环水，筑有炮楼，硬攻代价大，战斗时间长，容易让金坛城里的日本鬼子坐享渔翁之利，不如采取里应外合的办法来挖掉它。”同时请求领导将这个任务交给她，得到了领导的同意。林心平扮成金坛城里的失学青年到后方去投军，路过潘家村，特务营见她要求当兵，就将她收下，当个文化教员。

为了取得顽军的信任，她主动热情地教士兵学文化，教他们唱歌。顽军长官对她的表现很满意，遂发给她一支左轮手枪。通过一段时间的工作，林心平摸清了特务营的实力和活动情况，并掌握了特务营长李明去罗坝乡长家抽大烟的规律，就精心谋划下一步的行动。她首先向李明建议：每天晨操以后，全体官兵集中学习唱歌，把部队练成一支能文能武的王牌军。李明听了，连声夸奖："好，好，照此办理。"以后每天晨操后，全营官兵把枪架起来，在广场上列队，由她教唱歌曲。许多群众也经常挤到场子边围观。几天后林心平秘密向组织报告，约定在第二天拂晓前派短枪队从竹林边偷渡过河，潜伏在河旁王林家里，待机而动。这一天，心平故意让各连士兵相互拉歌，拖延时间，待李明外出抽大烟远离时，短枪队就按计划行事。一面派人悄悄地摸进炮楼，消灭掉敌人的瞭望哨；这边林心平一边指挥拉唱，一边机警地环顾四周，发现队伍后面的人群中露出一个头戴笠帽的农民，正凝望着她。心平会意，轻轻地点了点头。一首歌刚唱完，心平便拔出左轮手枪，厉声喊："不许动，今天新四军首长看望大家来了。"短枪队带队同志快步站到了队伍前面，大声宣告："我们是新四军，是抗日的队伍，我们的政策是缴枪不杀，愿意抗日的欢迎跟我们走，要回家当老百姓的我们放行。"短枪队同志分两路迅速控制了敌人架在那里的全部枪支，同时，特务营长李明在罗坝乡长家里大烟床上被我方另一支短枪队逮捕。消息传来人心大快，就这样新四军未放一枪一弹，未伤一人，彻底解除了国民党的全部武装，俘获敌营营长李明，缴获全部枪支弹药。这时群众才恍然大悟，教唱歌的女兵，原来是新四军的虎胆英雄。

呕心沥血　引领师生抗日

1941 年 1 月，皖南事变后，中共苏南区委奉命在敌后建立抗日民主政权，中共金坛中心县委成立金坛、溧阳、宜兴、武进、丹阳五县联合政府（后改为金坛县人民抗日民主政府）。这是抗战以来茅山地区第一个敌后抗日民主政权。3 月 15 日在金坛县儒村北面三里路的塘头村，召开了五县抗日联合政府成立的庆祝大会，晚上几千人聚集在广场上，煤气灯照得会场像白天一样，专员、县委书记、县长先后讲话，接着有位身材不高、梳着学生式短发的年轻女同志走上讲台，她就是县政府妇女代表林心平。她讲话清晰流畅，说理透彻，一位老绅士敬佩地伸出大拇指夸奖："不简单，共产党里还有这样的青年才女，要得天下啦！"

同年 3 月，林心平被任命为县政府文教科科长，她把全部心血都倾注在抗日游击根据地的教学工作上。她根据《抗日救国十大纲领》制定了县抗日救国的教育大纲，积极筹办中小学。她深入武九区，这是敌我剧烈争夺的地区，白色恐怖十分严重。她不顾个人安危，时而到敌人据点和公路附近的学校，组织师生们放哨，监视敌人，提供对敌斗争情报；时而乘夜黑钻过敌人的铁丝网，到据点里的学校联系工作，坚定师生们抗战必胜的信心。她组织教师办了一张

《火线报》，传递抗日捷报，宣传“团结起来一致对外，抗击日寇”的党的统一战线政策。为动员一位姓朱的开明士绅出来担任武九区区长，她仅带一个小通信员，先后数十次于夜间到朱家进行动员说服工作。在她耐心诚意的开导下，朱某终受感动，消除了顾虑，愿意接受出任区长。接着成立了武九区区政府和武九区区大队，实行减租减息。她动员青年参加抗日革命队伍，把一大批觉悟高的青年学生选送至新四军主力部队中去。当时正是春天多雨的季节，道路泥泞，林心平眼患近视，而行军活动又多在晚上，有时一天晚上要跌跤好几次。有天夜里，天下着大雨，她把眼镜都摔丢了，跌跌撞撞艰难地到达目的地时，摔得全身活像一个泥人。但她不怕苦累和危险，还是和平常一样有说有笑、乐呵呵的。经过她几个月夜以继日的艰苦努力，终于在武九区创办了六七所学校，群众抗日工作有了很大的进展。

林心平（右）与战友张梅在延安抗大学习时期合影

智斗敌顽

金坛东南的长漏地区，是长荡湖与下漏湖间的一片开阔地带，这里不仅物产丰富，而且是沟通我党茅山游击根据地和太漏游击区的桥梁，成为敌我必争之地。早在 1938 年底就开始陆续开辟了一些地方，成为我党游击活动区。1941 年夏天，国民党保安九旅的三个团公开投降日军，进驻这个地区，企图配合敌人合击我党抗日部队，阻止我方抗日活动。盘踞在宜兴官村的国民党军队首领吴苏也公开投靠日军，当上“日伪自卫团”团长。这条地头蛇的情报网十分严密，建立联保联坐，威吓老百姓，扬言谁让新四军落脚就诛杀全家，并横征暴敛，鱼肉残害人民。为了恢复和巩固这个地区，中共金坛县委任命林心平兼任宜兴县官村区区长，以开拓长漏地区东南边区，发展抗日武装，分散敌人兵力。林心平临危受命，毫不畏惧地接受了党交给的艰巨任务。当时她正值新婚不久，临行前，她的爱人葛保三（又名诸葛慎，是我党新四军干部）把自己用了多年的快慢机（毛瑟 M1932 冲锋手枪）换给了她，并关切地问：“还有什么困难吗？”林心平爽朗地笑了笑：“没有，再见！”说完与爱人使劲地握了握手，便带着一支六个人的短枪班出发了。在这期间她曾给家里写过信，告诉家里：“现在革命形势越来越严峻，日寇扫荡越发残酷，如果有一天家里得到我惨遭不幸的消息，望双亲不要难过。”

一过张河港大河，她们就连夜贴安民告示，宣布官村区人民抗日民主政府成立，不准任何组织假借政府名义，非法向百姓征粮派捐；不准勾结日军残害人民。这义正词严的告示像一颗炸弹，惊动了日伪。他们立刻进行“大扫荡”，企图乘我抗日民主政府立足未稳之际，一举将其消灭。林心平等人为了减少群众麻烦，避开敌人，钻进湖边芦苇里，和敌人捉迷藏打游击，忍受着日晒水泡、蚊虫叮咬、饥寒交迫的艰苦生活。饿了，挖芦根充饥；困了，割捆芦柴铺在船底休息。她瘦了，皮肤溃烂了，还是白天黑夜不停地工作。为了鼓舞同志们的乐观情绪，她兴致勃勃地作了一首打油诗：“星月当灯照，芦苇青纱帐，割捆芦柴铺作床，一觉睡到大天亮。敌寇汽艇围湖转，我在湖中打鱼忙。”逗得大家哈哈笑。

敌人的“扫荡”刚结束，林心平就带领短枪班上岸活动，走村串户。一天上午，她们与农民一道在黄豆地里锄草，突然走过来几个人自称是新四军要找林区长，林心平抬头一看，见来人后面还跟着几个形迹可疑的家伙，就一边急忙向同志们使眼色，一边回答：“刚刚有一个女的，背着枪同几个人向东走过去了。”谁知其中一密探认出林心平，立即大声嚷道：“快抓，她就是林区长。”语音未落，林心平已举枪将他打倒，其他队员亦开枪射击，后面的敌人就慌乱撒腿逃跑。林心平意识到敌人已在跟踪自己，如不砍掉敌人的耳目，工作便难以开展。于是她决定先挖掉敌人一只“眼睛”——铁杆汉奸特务头子蒋四麻子。在积极分子的帮助下，林心平得到了可靠的情报。在一个漆黑的夜晚，冒着大雨翻墙入院，把蒋四麻子枪毙在床上。

第二天，群众看见区人民政府贴在蒋四麻子尸体上的判决书，无不拍手称快。那些大大小小的汉奸特务闻风丧胆，惶惶不可终日。接着新四军四十七团主力狠狠地袭击了新芳桥敌伪据点，开明绅士吴小马策动木鱼山日军据点的伪军一个班携机枪一挺归顺，林心平抓住这有利时机，宣传大好形势，增强群众抗战信心，迅速建立各乡政权，组织游击小组，展开群众性的武装斗争。

林心平常到敌人据点附近的村里活动，一天上午，她和短枪班丁班长正在官村开会，一个儿童来报：“三个‘乌鸦’（当地群众给伪军起的绰号）来村催粮，还要钞票，限五天内送去，现在正要妇女们给他烧中饭。”林心平听罢，带了三位同志，趁那些家伙围着妇女嬉闹时，冲进屋里，用枪顶住他们的胸膛，对他们说：“今天不杀你们，回去告诉你们的队长，从今以后不要死心塌地做鬼子的帮凶，不准给鬼子带路、征粮、派捐，不准残害自己的同胞，出卖自己的老祖宗。否则，蒋四麻子就是你们的下场。”三个伪军颤抖着连连说：“只要饶命，再干不是人。”

短短的几个月时间，林心平就在官村站住了脚，把张河港大河南岸游击区扩展到涌河南岸的新河桥一带。区乡政权得到巩固，增强了群众信心，掀起了参军热潮，不仅扩大了地方游击队，而且为主力部队输送了不少优秀青年。敌伪遭到沉重打击后，对林心平恨之入骨，而人民则赞美她为“长滆女杰”，当时誉满苏南，至今仍在长滆地区广为传颂。

大义凛然　壮烈牺牲

1942年春，因工作需要，林心平被调回金坛县委任妇女部部长。这时日军正在苏南进行疯狂“扫荡”，“伪军自卫团”团长吴苏勾结日军，杀害我党我军干部，镇压革命群众，无恶不作。对敌斗争面临严重局面。为了反击敌伪的疯狂进攻，新四军十六旅四十七团配合金坛县委进行了一次反摩擦战斗，拔掉了吴苏在宜兴的藏村据点，缴获了一百多支枪。在我强大军事威力和政治攻势之下，促使敌伪傅大队长率领一个连武装起义。吴苏对藏村的失利十分恼怒，总想伺机报复。

同年夏天，林心平因产后病发，被秘密转移到金坛县儒林镇，在中医妇科树德堂诊所就医。这一消息被密探侦知，敌人包围诊所。主人闻讯劝林心平火速离开，林心平坚定沉着，立即从枕头下掏出手枪，一边烧毁文件、记录本，一边从容地对主人说：“既受包围，就难脱身，落入虎口，唯有一死。如若连累均由我一人承担，请多保重。”这时特务三彪已冲进后院，正在搜索，林心平举枪砰砰两声，使三彪的手枪飞落在地，捂着胸口号叫一声倒了下去。这时灶屋的门帘一掀，又有两个特务被打倒。特务顿时乱作一团，因上司有令要抓活的，他们不敢乱放枪。

这时林心平发现子弹已打尽，终因寡不敌众，二赖子像狗一样一蹿，抓住林心平的手臂，其余特务立即冲上前，七手八脚地将林心平绑了起来，同时被抓的还有主人储风祥、中医师马步云。

吴苏抓到了林心平，如获至宝，将她押到官村据点，派重兵把守。林心平被关了一天，不见动静，她知道敌人正在策划阴谋，早已将生死置之度外，端坐在地上，冷静地考虑着对策。这天晚上，吴苏派他的小老婆光临“伺候”，“亲热”地斟酒，令人恶心。吴苏的小老婆娇声娇气地说：“昨晚岗楼一见，我就非常敬佩，我虽是个无才之辈，亦想交个巾帼英雄做朋友呢！像你这样多才多艺的年轻能干的女子，却甘愿替共产党去卖命，实在可惜。”林心平回答说：“燕雀安知鸿鹄之志，像你这样卖身汉奸，献媚鬼子，没有一点民族骨气的寄生虫，怎能理解得了无产阶级的高尚情操？为了唤起千千万万的劳苦大众，消灭天下的吸血鬼，我死不足惜！吴太太为了这一点可怜的享受，卖身求荣。我倒替你可惜呀！快叫你的吴苏滚出来吧。”小老婆低着头灰溜溜地走了。

吴苏忍不住了，亲自出马。他先假惺惺地说：“对不起，林区长，委屈你了，这是不得已才把你请到我这里来的。今天请你来没有别的，只是请你写一封信给你丈夫，请他把缴我的枪全部还给我，我就送你回去，怎么样？”林心平的丈夫葛保三是新四军十六旅四十七团的团长，正在这个地区活动，连打胜仗。吴苏用心险恶，妄图一箭双雕。林心平一听勃然大怒，猛地站起来，指着吴苏痛斥：“你吴苏投靠日寇，残害同胞，坏事干尽，是民族败类。人民与你势不两立，你跑不了，今天既然我已经掉入狼窝，就没想过活着出去，要头你拿去，要枪半支都没有。你这个无耻之徒！”吴苏气得脸都白了，过了好一会才又低沉地说：“你总得替自己想想，才二十来岁，将来还有享不完的福。退一步讲，你亦该替你刚刚落地的儿子想想嘛！”接着又威胁说：“你要知道，要是把你往皇军那里一送，那才是掉进狼窝里去了。”面对敌人的软硬兼施，林心平凛然不动，冷笑一声说：“别说是狼窝，就是虎穴也不怕！既被你抓来，我就没打算活着出去。”吴苏见软的不行，就撕去了伪善，露出了狰狞面目。夜里，林心平被带进审讯室，这是个人间地狱，摆满了各式刑具，散发着一股血腥味，不知已有多少革命战友和爱国同胞在这里受尽折磨而最后付出了宝贵生命。想至此，林心平两眼射出如箭一样冷冽的利光，直逼吴苏。吴苏倒抽了一口冷气，定神威胁说：“现在你要放明白点，看看这是什么地方，再硬的汉子进了这间屋子也得骨肉脆酥。”

“哼！共产党员的钢筋铁骨，是在革命的熔炉里炼成的！”

“林心平，你不要执迷不悟，免得皮肉受苦。”

“有什么招数，请便吧！”

“好！来人啊！”一声口哨，蹿进来两条大狼狗，张牙舞爪地立刻扑了上来，一条咬住心平的衣襟，把她拖倒，另一条咬住心平的小腿，连皮带肉撕了一大块。她痛得咬紧嘴唇，眼前一黑倒在血泊中。敌人用一桶冷水泼在她的脸上，她慢慢地苏醒过来，只听吴苏嘶哑地还在嚎叫：“林心平！你到底说不说？”

面对残暴的敌人，心平愤怒的眼光喷着烈火：“你们这些汉奸走狗惨无人道，想要从我嘴里挖出什么，做梦去吧！”

“好啊！你这样嘴硬，给我换换。”特务们几乎把最厉害的刑具都用上了，折磨了大半夜，把昏死过去的林心平拖回牢房。这样连续几天轮番刑讯，林心平被折磨得奄奄一息，敌人仍无所获，气得暴跳如雷。一个星期过去了，吴苏亦失去了信心。日军的宫本已知道抓到了一个女区长，要吴苏将她送至官村日本据点。吴苏还想依靠日军的残暴手段让林心平屈服，第二天就将她送往官村据点。在被押送至官村镇（现官林镇）时，看到沿街站着许多百姓，林心平振作精神，昂首挺胸，大义凛然地高呼：“打倒日本帝国主义！今天活捉特务头子吴苏，明年打败日本鬼子！”“抗战一定会胜利，新四军一定会来解放你们！”敌人抓住林心平的头发狠命往下拉，将她的头发连同头皮一起拉下来，后脑勺血肉模糊，沿途群众都掩面哭泣。这壮烈一幕令当地群众至今记忆犹新。

敌人拳打脚踢连拉带推地把她关进据点。林心平在敌人据点内，天天痛斥来劝降的汉奸，在日本人面前威武不屈。一天，日军头目亲自连夜审讯。开始时他满面堆笑，竖起大拇指伪善地说：“你的，是大大的英雄。”然后又跟翻译咕噜了一阵。回头翻译胆怯地对林心平说：“皇军讲只要你和你丈夫不当共产党，到皇军这里来做事，保举你们夫妻当大官。”林心平厉声斥责道：“呸！瞎了你们的眼！你们这些强盗，到我们中国来，奸淫烧杀无恶不作，每个中国人都恨不得要剥你们的皮，抽你们的筋。还梦想叫我们当奴才，当心你们自己的狗头！”敌人气得“八格，八格”地乱嚎。林心平经受了各种酷刑，被打得遍体鳞伤，一次又一次昏过去，又一次次被冷水泼醒。她咬紧牙关，忍受着常人难以忍受的痛苦。

8月上旬一个蒙蒙细雨的夜晚，日军和汉奸将林心平拖到官村小学（现官林小学）操场后面的树林里，林心平意识到敌人要下毒手了，她拼着最后一口气，大声高呼：“打倒日本帝国主义，打倒汉奸走狗！中国共产党万岁！毛主席万岁！……”敌人用刺刀捅杀了她，为了销尸灭迹还用硝镪水毁了她的遗体。她壮烈就义时年仅二十三岁。林心平牺牲后，《苏南党报》出特刊追述她的英雄事迹。

林心平的一生虽短暂，但异彩绽放。她为民族解放事业献出了宝贵的生命，以她那坚贞不屈的英雄气概实现她的入党誓词。1942 年，二姐在坚持苏南茅山地区斗争时给父母亲的最后一封信中，曾这样写道：“现在斗争日趋尖锐，可能有那么一天，我将为民族解放事业献出生命，望你们不要难过。……”她不愧为中华民族的优秀儿女、中国共产党的优秀党员。中华人民共和国成立后，江苏省宜兴县人民政府在官村小学校园内林心平英勇就义的地址，竖碑建墓，称她为“长漏女杰”，列为青少年爱国主义教育基地。

（本文选自《浙南火炬》）

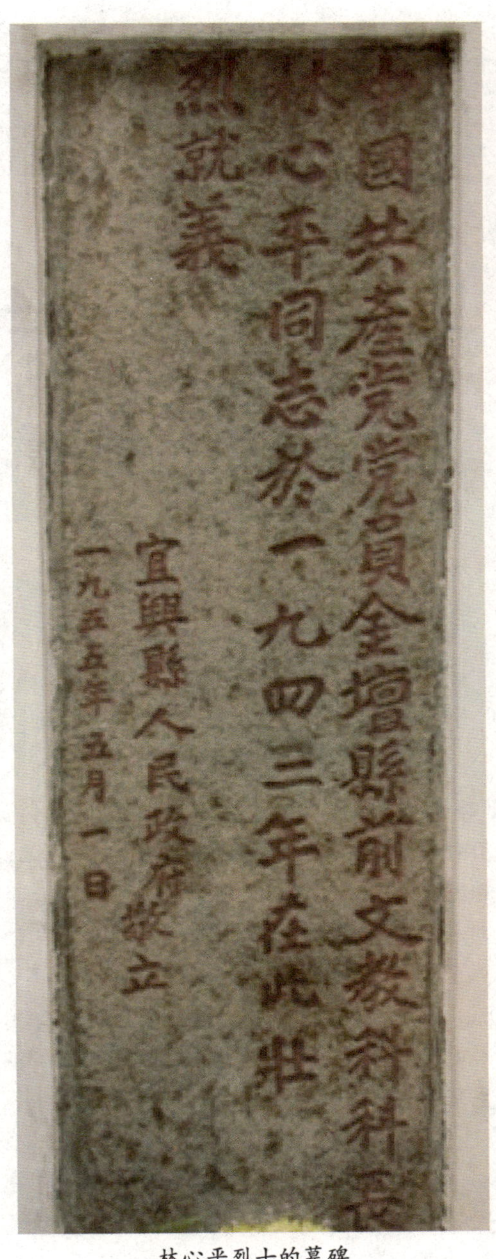

林心平烈士的墓碑

为抗战流尽最后一滴血

——黄魂遇难记

文 / 文谦受

黄魂（1903—1944 年），海南琼山（今海口）人。1926 年加入中国共产党。历任中共定安县委书记，琼东县委书记，琼澄工委书记，琼崖特委委员兼宣传部部长、统战部部长，琼山抗日民主政府县长，琼崖东北区抗日民主政府委员，琼山抗日游击司令部总指挥，琼崖南区军政委员会主任，琼崖独立总队政治部主任等职。1944 年牺牲。

1944 年 4 月 2 日，中共琼崖特委根据形势发展的需要，决定将西区、南区军政委员会合并为西南军政委员会，王白伦担任主任，原任南区军政委员会主任的黄魂调任琼崖独立总队政治部主任。黄魂接到通知时，恰逢日军在各路口严密封锁，经常调兵遣将进行疯狂“扫荡”。为确保黄魂安全回到总队就任，中共昌感县委书记陈克文率由十多位同志组成的卫士班护送黄魂。

5 月 3 日，黄魂、陈克文等一行途经昌感四荣乡上荣村附近时，与出来“扫荡”的日军马队遭遇。由于四荣乡地处平原，无处躲藏，当日军马队发现黄魂等十多人北上的行踪后，便快马加鞭跟踪追击，日军马队人数虽然也只有十人，但武器精良，有两挺手提冲锋枪，人手长短枪各一支，枪头的刺刀寒光闪闪，马蹄声似密集鼓点。眼见日军马队卷起的黄尘随南风渐渐迫近，情况非常危急，陈克文及卫士班的同志们坚决要留下牵制日军以让黄魂脱险，可久经沙场、作战经验丰富、能征善战的黄魂，却临危不惧，他说什么也不愿为自己一人脱险而让其他同志牺牲，亲自率领卫士班回击那些跟踪追击的日军马队。他首先向日军开枪并发出命令：“打！”卫士班十多支驳壳枪同时向日军开了火，当场击毙日军两人，击伤一人。日军见我军火力很猛，抵挡不住，便退回到上荣村边的几棵大树后，以大树为掩护，用冲锋枪向我方射击，不敢近战。黄魂和陈克文带领卫士班趁日军一时退却，立即机智地迅速撤退。而躲在大树后面的日军见势，紧跟咬住不放，顿时手提枪、长短枪狂吼起来向我方猛击，牵制着我方撤退不得。此时，黄魂沉着地带领战士们继续坚持战斗，狠狠地给日军一阵阻击，顶住了日军的猛扑。但在激战中黄魂不幸腿部中弹，鲜血直流，陈克文等同志劝他退后包扎伤口，但他不顾同志们的劝告，不顾伤口鲜血直流，一马当先，一个劲地带领战士们坚持与敌人搏斗。由于他腿部中弹血流过多，最后支撑不住而倒下。与他一起冲锋陷阵的同志们一见首长倒下更加怒火冲天，猛烈地向日军开火。躺在地上的黄魂虽然腿部受伤支撑不起，但他很清醒，认为敌强我弱，照此久战硬拼我方必将付出更大的牺牲。为了同志们的安全，保存革命力量，于是他下令撤退，只留他一人阻击敌人，以掩护同志们撤退。他急着对陈克文说：“我不行了，枪不能留给敌人，枪交给你送回特委，汇报我的不幸……不要管我，快撤！越快越好。”陈克文和同志们都异口同声地说：“背！”“我们要背你回去……”黄魂心里明白他不行了，不等同志们说完就斩钉截铁地说：“快撤，这是命令！”陈克文只好服从命令，带领其他同志冒着枪林弹雨，忍痛撤离火力圈。

琼崖革命漫画

日军朝我方射击一阵之后，发现我方只有一人独坐虎视，没别的动静。日军为侥幸地保存了自己的性命而喜出望外，奔走过来，但不敢走近黄魂身边。日军生怕朝他们虎视眈眈的黄魂身上带有爆炸物品，生怕同归于尽，便指使一名汉奸先靠近以防万一。当汉奸胆战心惊地移近黄魂时，黄魂破口大骂：“狗汉奸，你们践踏良民，残害百姓，充当亡国奴，总有一天，人民会找你们彻底清算，你们的末日将临。”气急败坏的汉奸用拐棍捅黄魂，黄魂岿然不动，并哈哈大笑，蔑视敌人。日军无可奈何，十分恼怒，于是到村里抓来群众，强迫群众把黄魂及被我方击毙的日军尸体一起抬到上荣村前的荒坡上，就在荒坡上对黄魂施行肉刑，企图从黄魂口中得到我党的机密。日军指使汉奸翻译问黄魂：“你从哪里来？”黄魂骄傲地回答：

“我从高高的五指山来。”问：“你是干什么的？”“我是中国共产党党员，干革命的，我为抗日救国打日本鬼子，铲除狗汉奸，为民除害。”敌人又问：“你在‘共匪’那里干什么？”黄魂怒斥道：“我们是全心全意为人民谋利益的中国共产党，不是‘共匪’，‘匪’字只能拿来称呼你们才合适，我是驳壳班班长。”敌人再问：“五指山下有多少人？”“五指山下人民群众到处都有，大家都在为抗日救国而出力。我当班长的，只知道我班里的具体人数，至于五指山下的人民群众千千万万，数也数不清。你们问这个干什么？是害怕了吧！我告诉你们，人民群众力大无比，势不可挡。”日军意识到要从黄魂口中得到共产党的机密难于上青天，加之黄魂身上穿着的皮挂内衣装满驳壳枪子弹，这一来，日军便相信黄魂只是一个普通的驳壳班长，而不是共产党的重要人物，于是准备下毒手。临刑时，黄魂昂首挺胸，从容镇定，毫无畏惧，表现了一个共产党员视死如归的气概。日军用刺刀将黄魂活活刺死后便撤回营地。

中共琼崖特委常委、南区军政委员会主任黄魂遇难的消息传开后，广大人民群众都为之深感悲痛，纷纷赶到黄魂遇难地点哀悼。南区军政委员会委员吴乾鹏、昌感县委书记陈克文、县长赵光炬和赵郑浓、冯敬文等干部以及民主人士都赶到遇难地点共同安排礼葬善后工作，举行追悼会，各地乡村赶来参加追悼会的群众上千人。陈克文在追悼会上向人民群众痛述黄魂同志遇难、为革命流尽最后一滴血的经过。赵光炬在追悼会上以沉痛的心情向群众介绍黄魂同志革命的一生、战斗的一生。

（选自海南史志网）

长征路上的“女挑夫”

文／刘丽丽

顽强的担架连女兵

艰苦的自然环境和紧急的敌情，使得红军的粮食和药品极度缺乏，女战士们常常连续几顿吃不饱肚子。她们互相搀扶着，互相鼓励着，走在嶙峋的山石间。她们有的掉队了，尤其是那些本就体弱生病的。还好，她们互相照应，后面部队的同志也给了她们许多帮助，在宿营之时她们还是赶上了自己所在的连队。然而，最让女战士们感到难过的是，眼看着伤病员躺在担架上痛苦地呻吟，她们只能说些安慰的话语，却没有有效的药品来减轻他们的伤痛。

对于担架连的这一百多副担架，李桂英把它们进行了分配，有的女战士负责三副，有的负责四副，包干到人，责任分担。像危秀英、邓六金、刘彩香、王泉媛、吴富莲、李桂英、钟月林、谢飞等一些出发时身强力壮的女战士都曾担任过负责担架的工作。在崎岖陡峭的大山里行军，就是赤手徒步都已经很吃力，更别说照顾担架，有时还要身体力行地抬上担架走一程了。

女战士们忽略了自己的性别，忽视了自己的生理特点，她们和男人一样，吃饭、行军、宿营，甚至与敌作战，没有任何的特殊照顾。但她们又确确实实和男人不一样，每月有自己的生理周期，她们的肩膀远比男人细嫩得多……

刘彩香负责的担架中，有一名湘江战役中负伤的干部，头部中弹，医生给他做了处理，头上缠满了绷带，但他一直昏迷不醒，都已经三天多了。

这一天，走着走着，刘彩香突然听到一个微弱的声音。她忙走上前，发现这名伤员苏醒了过来。她一边让担架员停下来，一边摘下肩上的水壶，拧开了盖子。她把壶嘴轻轻地挨近伤员干裂的双唇，将一股清水徐徐倒进他的口中。

这时，邓六金、吴富莲、钟月林也跑过来，围着担架，看看是不是有什么要帮忙的。

受伤的营长慢慢睁开肿胀的双眼，看着身边这几个清秀的脸庞，“腾”地坐了起来，但紧接着一阵剧烈的疼痛，几乎使他晕倒，他双手托住头部。也许此时，他才刚刚意识到自己已经受了伤。

大家你一句我一句地劝他快躺下。刘彩香上前去扶他的肩膀，想让他重新躺在担架上。

“你们让我走，我还在指挥战斗。”营长想挣脱开刘彩香的双手，不知他哪里来的那么大的劲儿，一把将刘彩香推了个趔趄，差点摔在地上。

“不行，你必须躺下，你已经昏迷三天了。”刘彩香回转身，一下按住了营长的肩膀。

“战斗已经结束了，你就安心养伤吧。”邓六金安慰营长。

“战斗结束了？我的人呢？”营长的声音这一次弱了下去。

“这次战斗太惨了，过江的时候，江水都是红的。”吴富莲把她看到的情况说给了营长。

营长沉默不语。刘彩香低头看他，一行清泪顺着他肿胀的眼角流到了耳畔。刘彩香掏出毛巾，给营长擦去泪痕。

“别管我……”话还没说完，营长又昏迷过去。

“同志！同志！”几个女人一齐喊了起来。营长陷入了深度昏迷，无论她们怎么喊，怎么叫，此时的他已经听不到她们的声音了。

“我看他怕是不行了，是不是就不用抬着走了？”有人小声地在一边嘟囔着。

几个女战士一致认为：他还活着，只不过是昏迷了，必须抬着走，不能扔下不管。于是民夫抬上营长，紧走两步，跟上队伍。

民夫抬着营长，刘彩香时常走过来俯下身子轻唤两声：“同志，同志。”她多么希望这个勇敢的营长能够再次醒来。昏迷是最危险的一种状态。她已经见过许多同志，走着走着，在不知不觉中就离开了他们。

阴沉的天此时又飘起了雨，稀稀落落的，被深秋的风裹挟着，打在脸上、脖颈上，有股切肤的凉意，脚下泥泞不堪。队伍在急行军，到了吃饭的时间也没有安排吃饭，饿了的人只好拿出自己的冷饭团子，边走边吃。

刘彩香忙着为伤员掖好被角，盖好雨布，她共负责四个担架。她抬头又巡视了一下抬担架的民夫，看见新扩充进来的一个民夫头上没有戴斗笠，赶紧走过去。

“你的斗笠呢？”

“你们没发给我，我还想问你呢。”民夫很不高兴雨淋了满头满脸。

刘彩香想起来，这个民夫是在前一个村子里扩充进来的，只给了他银圆，草鞋、雨具、毛巾，还有粮食都没来得及发给他。她二话没说，解下自己的斗笠给民夫戴在头上，系好带子。又拿出自己的搪瓷缸子，把饭团子掏出来递给了这个民夫。可别小看这个搪瓷缸子，行军路上多亏了它，盛水、盛饭、刷牙它都能派上用场。

“你先吃这个吧，下次宿营的时候，就会有你的粮食了。”刘彩香此时就只能自己饿着肚子，但只要民夫们有力气、不生病，她情愿自己多受一点苦。

刘彩香这个出生在江西赣县田村的女子，个子虽矮，但她的力气过人。本就生活困苦的父母，在女儿生下仅八个月，就把她卖给了生活同样困苦的人家当童养媳。当刘彩香还是一个小娃娃时，就不得不上山砍柴，下山挑担。这样，一副小身子骨由于生活的重压和营养的

参加长征的部分女战士 1949 年在北京合影（第二排左一为邓六金）

匮乏，停止了发育。但生活的磨砺却给了她无穷的力量。一路行军，有时她身上会背着几个病号的行李。抬担架的民夫饿了，她就取出自己的干粮递给他们。民夫们累了，她总是主动顶上去，抬起担架就走。

“哎哟！”在担架后面抬着营长的民夫一脚踩在了湿滑的苔藓上，担架差一点就被扔了出去。刘彩香忙奔过来，托住了担架，可民夫的脚很快肿了起来。

刘彩香双手握紧竹竿，二话没说，换下了那个民夫。她这样做已不止一次两次，有时是民夫走得太累了，有时是民夫要去方便，为了伤员的安全和自身的安全，担架是不能停下来休息的，否则，掉了队就会很危险。

负责担架的女红军，大都是挑选出来能挑能提、身体比较强壮的。像这种时候，她们必须顶上去。刘彩香的力气大，这在女红军中是出了名的。长征路上，她经常抬担架，为伤病员挑东西，大家都亲切地叫她革命的“女挑夫”。

刘彩香个子不高，又在担架的后面。所以，上山的时候，整个担架的重量都压在她这一面。为了让担架上的人舒服些，她把担架的两个把手放在了肩头上。路面因下雨滑得不得了，脚下稍不留神，就会摔跟头。几次跪倒在泥石上，膝盖疼痛难忍，但不管怎样摔，她就是紧握担架不撒手，一口气上了山顶，放下担架喘口气，再一看自己身上，就像只泥猴子。

因为上山很狼狈，她没顾得上呼唤营长，等抬到了山顶，她俯下身为营长掖被子的时候，才发现不知什么时候营长已经离开了人世。

“呜——呜——”这个坚强的女人自从离开瑞金，不管多苦多累，一直都没有掉过一滴眼泪，此时此刻，却一屁股坐在泥水里放声大哭。眼泪就像是开了闸的洪水，一泻而出。这位硬汉的形象是那样的清晰，如一尊棱角分明的雕像置于眼前，刘彩香久久不能忘怀。一路上，这样的事件一遍遍地重演，给她以心灵上的震撼和无言的教诲。

雨在不停地下着，已经由原来的稀

随中央红军长征的女红军

稀落落变成了现在的哗哗啦啦。几个闻讯而来的女战士和民夫一起，用手挖出了一个一人大的坑，把营长的遗体放在坑里草草地掩埋了。女战士的衣服上、脸上沾满了泪水、雨水和泥水。

下山的路，脚步轻松了，可心情却更加沉重。为那个勇敢的营长的离去，也为刚刚开小差走掉了的民夫。当刘彩香、邓六金、吴富莲和钟月林掩埋完营长，正要向那两个民夫交代工作的时候，却到处找不到他们了。

后来才知道，由于红军此时的条件越来越艰苦，形势越来越严峻，不仅仅是民夫，就连新扩充到部队不久的战士和一些干部也悄悄地离开了队伍。

常言说，上山容易下山难，况且又是在这阴雨天气里，一步一滑。因为掩埋营长，她们耽误了时间，和队伍拉开了一些距离。不知什么时候雨已经停了，可是在这个季节里，白昼越来越短，她们又在山的阴面，四个女人互相扶助着加快了脚步……

（本文选自《北方周末报》）

红军走过的草地

“山东红嫂”李桂芳

文 / 韩延璟　薛　杰

十一岁就给地主看小孩

1925 年，李桂芳出生在沂南县岸堤镇南岩路村的一个贫苦农民家里。不久，父母为了保住她幼小的生命，把她频繁地送往亲戚家。这样的“流浪”生活陪伴了她童年的九个春秋。就在她九岁那年，为了不再拖累亲戚，她的父母给她找了一条“永久”的生路——把她给了人家当童养媳。

李桂芳去的那家日子也很穷苦，根本养不起她，她只在那里住了几天就回来了。父母在她十一岁那年，被生活逼迫，为了能让她吃上饭，送她到本村的一户地主家看孩子。在那里，白天看孩子，夜里还要守床，孩子一哭闹，她就要遭打骂。有一回刚刚吃完饭，饭桌上放着几个还没来得及收拾的青辣椒，她一眼没看过来，就被小孩子抓起来放进了嘴里。小孩嚼了一下就被辣哭了。听到哭声，老地主急忙赶来，不分青红皂白，一口咬定是她要害他的孩子，揪住李桂芳的头发，把她的头夹在两腿间，用手掰开辣椒硬往她眼睛上抹。李桂芳的眼睛被辣肿了，疼得她喊爹叫娘，直在地上打滚。非人的生活、刻骨的仇恨，使她连做梦都在盼望着摆脱这一切。

1938 年，村子里住了一群叫“动委会”（抗日动员工作委员会）的人，出于好奇，李桂芳经常背着孩子到那里去玩。“动委会”的人待人很热情，给她留下了深刻的印象。久而久之，她去“动委会”的事被地主发现了。地主便把她叫到跟前，吓唬她。

李桂芳

谁是谁非？幼小的李桂芳心里没底。为了弄个明白，她晚上不睡觉，等到鸡不叫狗不咬的时候扒着窗户朝外看。接连看了几个晚上，所看到的情景并不像地主说的那样。戒备的心理解除了，她又成了“动委会”的常客。通过与“动委会”的频繁接触，她知道了天底下还有专门为穷人说话的共产党，从此接受

“山东红嫂”李桂芳

了革命道理的启迪。1939 年春，“动委会”在村子里组织夜校，她不顾地主的阻拦，积极报名参加。在夜校里一边学字，一边听“动委会”从岸堤干校请来的老师讲授革命道理。到了这时候，她比较完整而系统地懂得了革命的道理，并立志跟共产党干一辈子革命。

十四岁离家参加革命

1940 年，遵照“动委会”的安排，李桂芳到离家十多里的夏庄村山东省被服厂担任民运工作。这期间，她跑遍了夏庄一带方圆一二十里的几十个村庄。她走家串户，发动妇女缝军衣、做军鞋、推米、磨面、烙煎饼，然后就把这些东西收集起来几经周转送往部队。

有一次，为了抗击敌人“扫荡”，转移掩藏军用物资，上级领导命令星夜将储藏在胡家沟的粮食运往夏庄以北的泉子崖山沟里。接到任务后，李桂芳急忙在周围村庄组织了几十名妇女，摸黑赶到胡家沟，由于时间紧迫，又是黑夜，再加上敌人封锁严密，探照灯不停地扫描，给完成任务带来了许多困难。那时候，老根据地人民所负担的支前任务是相当重的，男劳力当民夫，几乎是部队走到哪里，他们就跟到哪里。等妇女们去执行任务的时候，连工具都很难找到。听说要运粮食，有的妇女干脆揭了自己家床上的床单装粮食。按照运输的习惯，一是用口袋扛，二是用小车推。但在当时的情况下，这些工具，成了连想都不敢想的东西。起初打算用那仅有的几床床单，试了几次都没成功。装多了，像头死猪，又重又笨，好几个人都抬不动；抬少了，很费劳力，肯定在指定的时间里完不成任务。她们一时被弄得不知所措。情急之下她们商量着脱掉身上的裤子当口袋，两条裤腿一扎装满粮食，正好放在脖子和两个肩膀上，然后用手将腰口攥紧就行了。从胡家沟到泉子崖都是些狭窄而坎坷的小山路，夜间行走跌倒是常有的事，何况人人肩上扛着粮食，时间又紧，几乎人人都有摔伤的地方，有的甚至几天不能走路，但是她们的任务却完成得很出色。

那时候，每当自己的部队到来，就是李桂芳她们最忙的时候。白天她们安排住宿，供应吃喝；夜里趁他们脱掉衣服睡觉的机会，悄悄把衣服抱来，脏的洗，破的补，缺少的添置。为了防止混合，避免差错，她们都给同志们的衣服与人一一排队编号，分组流水作业，各负其责。因为夜里的时间有限，怕洗过的衣服晾不干，她们就用炭火小心地烘烤。一道道程序完成了，她们就将洗净补好的衣服叠得板板正正地再放回同志们身边。等到第二天早晨醒来，看到整齐干净的衣服，同志们都感动得不知说啥好。

1940 年，十四岁的李桂芳被安排在山东被服厂工作

1940 年，十五岁的李桂芳参军，来到八路军山东纵队医疗二所担任看护员

李桂芳组织妇女学文化

李桂芳组织妇女做军鞋

人送绰号“李大胆”

1941年，上级党组织安排李桂芳到山东军区第二野战医院，担任看护员。从此，她加入了“八路军”的行列。

一年后，表现突出的李桂芳作为干部苗子被组织选调到山东青年学校（当时驻东柳沟村）学习。刚入校不久，学校就被“扫荡”的日军冲垮了，她又被分配到山东军区药材所工作。药材所的主要任务就是为五所野战军医院供给药材。当时环境极为恶劣，药无来源，他们就到山上收集土药材，然后晒干或研磨成面，配制起来。为了尽量满足药材的供应，她和全所的同志们在北大山一带洒下了无数汗水。

就在这时，领导要找一个胆子大的人去看守医院的太平间。这是一项很特殊的任务，领导把它交给了李桂芳。太平间设在拔麻村西南方的一条小河沟北边的看瓜屋子里。夜里因怕被敌人发现又不敢点灯，就她一个人和几具死尸或奄奄一息的伤员在一起。别说是晚上，就是白天让人看了也会产生恐惧感。当她害怕的时候她就想：“他们牺牲是为了咱老百姓不受剥削、不受压迫、不受日本鬼子的侵略。”每当想到这些，她就感到浑身是胆，天不怕、地不怕了。那时，同志们都管她叫“李大胆”。

有一天夜里，突然雷鸣电闪，风雨骤至。借着闪电的光亮她看见小屋的门外站着两头狼。当时，她心里也着实发毛，回头看看这些同志就觉得胆子又大了起来。她把牺牲的同志从床上挪到地上，将床拉来堵在门口，然后用身子紧紧地撑在床上，保护了烈士遗体的完整。

女扮男装三年整

随着日军更加猖狂的“扫荡”，牺牲和负伤的人员越来越多。医院时常遭到敌人的袭击，已经无法让众多伤员在医院里医治和养伤，多数伤员被安排在马牧池至铜井北大山一带的老百姓家和敌人不便搜及的山洞里。那时，这里曾流传这样一句口号：“村村是医院，户户是病房，人人都是护理员。”

为了保护这些伤员，上级组织从一、二、三院抽调了一部分身体较好、年龄较小、心眼机灵的看护员，组成一个看护班，负责北大山一带的伤员护理。李桂芳就是其中的一个。为了不暴露自己的身份，便于在这种环境中开展工作，她剃成秃头，打扮成男孩。她白天跟着一个放牛的王大爷当小伙计，晚上打扮成要饭的到附近村庄要饭送给伤员吃。有一次，李桂芳等看护班的同志们在大胡屯后旁的石砬子里藏着，因叛徒出卖，日军派人把她们一个不剩地抓到了胡屯顶上。日本士兵追问八路军队伍和伤员的下落，见她们闭口不答就把她们每人打了五棍子，人人都被打倒在地。幸亏老天爷帮忙下了一场雨，把日军淋回了据点。过了很长时间，她们被雨水淋着，才渐渐地一个一个苏醒过来。走到半路上遇到了前来寻找搭救她们的老乡，老乡激动地说：“听说咱们的人已经死了，我们是来抬尸首的。没想到还能再见到你们。”李桂芳等人见到老乡们悲喜交集，和老乡们抱到一块大哭了一场。

就这样，她在八路军队伍里女扮男装三年，历经无数艰险。那时候，她个子本来就小，加上皮肤黑，别说不知情的老百姓，就连部队里的人也把她当成男人，还曾闹出过让她和男战士们一块儿睡觉的笑话。直到后来离开部队，她才留起了长发。

孟良崮战役

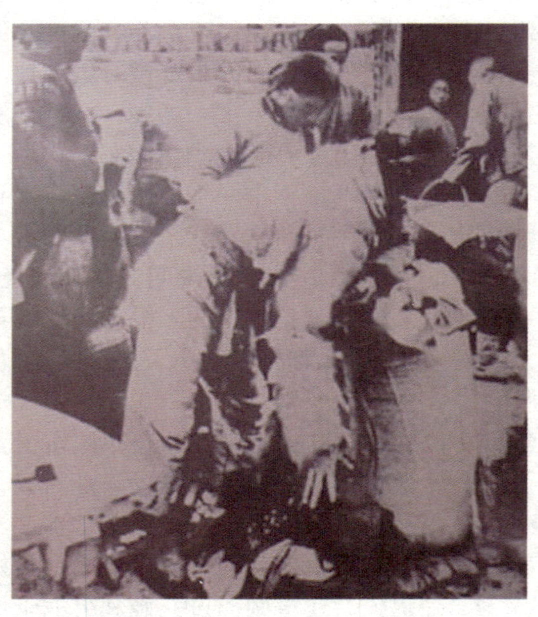

孟良崮战役前夕，李桂芳召集妇女们用裤子当粮袋，转移物资

含泪掩埋烈士遗体

一位李姓班长在一次战斗中身负重伤。李桂芳把他偷偷背到一个姓吴的老乡的地窖里。李桂芳化装成要饭的给战士送饭。后来李班长因为伤势过重牺牲了。李桂芳要把烈士遗体抬出地窖，被老乡发现了，埋怨李桂芳把尸体放到了他的地窖里。李桂芳就对老乡说："人家是八路军，为了打鬼子才牺牲的。我是一个小孩子都知道保护他遗体的完整，您是大人更应该明白这些道理。"老乡听了之后，就帮李桂芳把烈士遗体掩埋了。

由于日军更加疯狂的"扫荡"，牺牲的同志越来越多。我党地下交通员戴玉舟在一次"扫荡"中，被日军抓住绑在门口树上。戴玉舟宁死不屈："我只是老百姓，什么也不知道。"他被日本士兵用刺刀刺死。

戴玉舟年仅十四岁的儿子看到父亲被日本士兵刺死后，大骂日军，也被日军残忍杀害了。李桂芳后来赶到，含泪掩埋了父子俩的遗体。

还有一个女共产党员为了掩护群众免遭日军毒手，挺身而出，被敌人割去头颅，遗体挂在村里的树上示众，也是李桂芳把这位女烈士的遗体埋葬了。

李桂芳掩埋了许多烈士的遗体，她深刻认识到日军的豺狼本性，更加坚定了跟日军斗争到底的决心。

情意浓浓"火线桥"

1947 年 5 月 12 日，孟良崮战役前夕，为彻底歼灭国民党五大主力之一的整编第七十四师，华东野战军已完成了对敌人的合围之势。在孟良崮以北约十公里的汶河岸边的东波池村，为紧急支援孟良崮战役，全村的老幼也全部转移外出。当时任沂南艾山乡妇救会会长的李桂芳和当地的几名妇女干部，在村内等待接受上级交给的任务。

太阳快落山时，西波池村党支部书记兼艾山乡联络员王纪明，气喘吁吁地来到东波池村找到了李桂芳。他传达了上级的紧急任务：在天黑以后，五个小时以内，必须在崔家庄与万粮庄之间的汶河上，设法架起一座桥，以保证进攻孟良崮的部队顺利通过。

面对这个意想不到的任务，妇女们面面相觑，没了主意。"五个小时以内"，或许是一两个小时，部队就有可能突然来到，这么短的时间，能架得起来吗？再说，架桥的材料到哪里去找？"搭木板桥！"东波池村的妇女干部刘日兰终于想出了办法。"对！搭木板桥"，李桂芳高兴地站了起来，妇女们也活跃起来。她们七嘴八舌，纷纷出主意、想办法。没有木板摘门板，没有桥墩人扛着，人手不够就联络附近各村的妇女。

天黑后，大崔家庄等附近村庄的三十二名妇女带着七块门板，相继在大崔家庄东头的河边上聚齐了。为了尽快把桥架起来，李桂芳做了简短的动员后，她问："大伙有没有信心？"大伙齐声回答："有！"她又问："能不能完成任务？"大伙说："能！"随后，李桂芳就让大伙先在岸边歇着，自己脱掉鞋子，挽起裤腿，先下河去选择架桥的地点。上岸以后她按照妇女们的身高，把差不多等高的搭配成双，四人扛一块门板，依次排列起来，在岸上架起了一座"人桥"。为了确保万无一失，"人桥"又移到河中，李桂芳又在上面试走了一趟，确实感到平稳坚固后，才让妇女们撤到岸上，等待部队的到来。

大约是晚上 9 时，一支从北面来的

王凤兰舍不得丢掉“火线桥”中的那块门板

队伍急行到了河边。一个个头不高、胖乎乎、干部模样的人站在河边，面对着河水显得很着急。“同志，辛苦了。”李桂芳上前搭话。这个人却好像并没有听见，只是自言自语地说：“桥呢？”“在这，”李桂芳转过身去，朝妇女们喊道：“架桥！”话音刚落，按原来的顺序，妇女们抬起门板朝河里走去……

桥奇迹般地出现在部队面前。

看到眼前的情景，这个干部模样的人被惊呆了：“不，同志们，不行！哪能这样？还是我们脱了鞋子蹚过去吧。”

没等他下命令，李桂芳一挥手，朝站在河边的队伍喊道：“同志们！时间就是胜利！时间就是保证！快过桥！”

干部模样的人没再说什么，只是激动地紧紧握住李桂芳的手，连声说：“谢谢！谢谢！谢谢同志们！”随后，他朝身后的部队喊道：“同志们！前边是妇女同志搭的‘人桥’，我们要轻踩、慢跑，走当中！”队伍在他的指挥下，踏上了“人桥”。

暮春的气温虽然已经转暖，但是夜晚的河水依然凉气袭人。在桥下面，河水漫上了妇女们的腰部。刚开始，前面的部队知道是人搭起的桥，都有意放轻了脚步，可是后来的部队，不知道桥的“秘密”，只管加快脚步，迅速过河。他们一个比一个快，一个比一个重。一秒、两秒、三秒……桥下的妇女们咬紧牙关坚持着。肩膀压疼了，就用双手托着；腰挺酸了，就弯下腰弓着背驮着。实在撑不住了，李桂芳就让队伍暂停，让妇女们换换肩。

妇女们这一换肩，桥的“秘密”又被队伍发现了，战士们说什么也不肯上桥。李桂芳再次亮开嗓门喊了起来：“同志们！快过！时间就是生命！时间就是胜利！时间就是保证！”喊声过后，战士们又重新踏上了“人桥”。就这样，部队在一个小时的时间里从桥上通过，火速奔向孟良崮战场。

1992年3月，李桂芳被省妇联、省民政厅和省军区政治部评为“山东红嫂”同时被授予“三八红旗手”称号。

（本文选自华东革命烈士陵园网）

立志要做旧社会“清道夫”的女生

文 / 吕夏池

我国妇女运动的先驱向警予

“我能救祖国，能赶跑洋鬼子吗？”

向警予有一个“很好”的出身，她的父亲是湖南溆浦县最大的商号“鼎盛昌”的经理。她父亲思想开明，对孩子的教育很重视。1903年，八岁时，向警予成为全县第一个入学的女学生。

向警予小时候生活的年代，正值清政府内忧外患的时候，古老而悠久的中国被帝国主义欺凌。那时救国主义思想在一些热血青年大脑里滋生、扎根。向警予的大哥就是其中的一位，她大哥支持孙中山的革命主张，后来留学日本并且参加同盟会。向警予大哥也是向警予走上革命道路的启蒙老师。

在家里，向警予的几个兄弟姊妹十分友爱团结，大家常在一起交流思想，

向警予

学习历史。尤其是，大哥爱讲中外历史故事，向警予特别喜爱，深深沉浸其中。她也常常热烈地发表意见，就这样，渐渐培养出了雄辩的才能。

有一次，大哥送给向警予一本陈天华所著的《警世钟》。这本书她爱不释手，尤其是读到其中的这么段话，更是热血沸腾："日本人占了台湾岛，俄国占了旅顺，英国占了威海卫，法国占了广州城，德国占了胶州湾，把我们十八省都划在那各国的范围之内。"这些激烈愤懑的话语激起了她的拳拳爱国情。她问大哥："我可以吗？我能救祖国，能赶跑洋鬼子吗？"大哥告诉她："能，你当然能，只要我们让老百姓们都明白这救国的道理，把他们组织起来，还怕赶不跑洋鬼子？"她记住了哥哥的鼓励，开始为将来能救国作准备。

救国必先兴教育

1911年，向警予十六岁，已经出落成了一个亭亭玉立的少女，浑身上下洋溢着青春的朝气。和一般女孩子不同，她不爱脂粉、不着艳妆，常常一个人坐在屋里，一边读书、一边思索。慢慢地，这个溆水河畔的少女视野宽广了，她要感受社会的脉搏，她要走出去干更重要的事。深思熟虑后，她十分郑重地向父母说出了自己的打算："爸、妈，我想离开溆浦，去省城长沙报考师范。"

父亲吃了一惊："为什么？"

她回答说："天下兴亡，匹夫有责。国家正处危难，我要为国家尽一些微薄的力量。所以我想离开家乡，外出求学。将来学成了，好将所学到的知识传授给后辈，为家乡的教育事业做点贡献！"

父亲被女儿的抱负深深感动了，支持她的想法。就这样，向警予告别了父母，在第二年，也就是1912年进入湖南省立第一女子师范，后又转学到周南女校，走上追求新知识、新思想的道路。她知道前方有一个更广阔的世界在等待着她。

从周南女校毕业后，向警予实现了自己当初的愿望，回到家乡，在溆浦城西街文昌阁创办了男女合校的溆浦小学堂，并担任校长。她坚信"教育救国"，在她的主持下，这所学校提倡新风尚，传授新知识，宣传新思想。

为女权奔走疾呼

1919年，向警予重回长沙寻求救国救民的道路，正式加入了毛泽东、蔡和森发起组织的新民学会，成为最早的女会员。那年11月的一天，长沙的女学生赵五贞因不满"父母之命，媒妁之言"的包办婚姻，在迎亲途中用剃刀在花轿

中自杀，这件事发生在五四运动之后，新文化运动蓬勃开展的时候，立即震动了全城。就这样，一场反对封建制度的战斗打响了。毛泽东在《大公报》上连续发表评论，唤醒人们必须“大声疾呼，警觉我们未死的同类”。

向警予召集周南女校会员和活跃分子举行紧急会议，大家热烈发言、讨论，紧急筹备纪念赵五贞大会。向警予利用《女界钟》在湖南妇女界、进步团体中的影响，邀请了许多妇女界人士、进步团体代表参加大会。

在“纪念赵五贞”的黑色横幅下，向警予激昂的声音在全场响起：“现在，囚禁在旧式婚姻枷锁中的女子又死了一个，赵五贞用自己的生命来反抗这罪恶的婚姻制度。像她这样的悲剧在中国不知正在上演多少次。还有更多的女子，在这种婚姻制度下终日以泪洗面，甚至被折磨至死。难道我们二万万女同胞们还要等下去吗？还要在这毫无平等、自由的家庭、制度下忍耐下去吗？我们不能让悲剧重演，站起来吧，觉醒吧，能解救我们的只有自己！”

蔡和森和向警予

掌声雷鸣般响起，许多年轻的女孩子由于相同的遭遇而眼含热泪，所有的人都觉得热血沸腾，深受振奋。这场大会以及向警予等在《女界钟》上连续发表的评论，在长沙城里掀起了巨浪。

铁骨柔情　向蔡同盟

向警予呼吁女同胞们勇敢地反抗旧的制度。对于自己的婚姻，向警予也有着她的想法，那就是必须有着志同道合的追求。这也是后来向警予跟蔡和森结合的原因。

向警予和蔡和森相识于长沙，那是辛亥革命后不久，二人几乎同时受新思潮的影响，来到长沙求学。当时，两人都热心于救国救民，探求新知识，反抗腐朽的封建婚姻制度。他们经常在一起畅谈理想、抱负，结下了友谊。

1919 年 7 月，向警予参加发起“周南女子留法勤工俭学会”。随后，又组织了湖南女子留法勤工俭学会。12 月，她同蔡和森、蔡和森的妹妹蔡畅及蔡母葛健豪等三十余人从上海出发，远涉重洋，赴法勤工俭学。在上海候船期间，向警予与蔡和森一面共同为留法青年出国前的准备工作奔忙，一面商讨如何救国救民的问题。两人接触得多了，友谊也更加深厚。

1920 年 2 月，一行人抵达巴黎，通过华法教育会的联系，他们来到离巴黎不远的小城蒙达尼。他们一边工作，一边学习。在蒙达尼郊外美丽的白桦林里，

1920 年，蔡畅（左一）、向警予（左七）等勤工俭学学生在蒙塔尔纪女校的合影

1920 年 3 月 21 日，枫丹白露公学的勤工俭学学生发起在法国的勤工俭学学生召开游艺大会。图为游艺会后合影。前排女生左起：蔡杨、向警予

时常有向、蔡二人一起学习法文的身影，他们的法文水平有了提高，同时他们之间的感情也日益深厚了。这片静谧的天地，便成为他们两个人的天地，他们相约“在革命的征途中互相勉励，共同向上”。

蒙塔尔纪女子公学

1920年6月，向警予与蔡和森在法国蒙达尼正式结合，其结婚照为二人同读一本打开的《资本论》。二人还将恋爱过程中互赠的诗作收集出版，题为“向上同盟”。他们坚信，将与亲密的伴侣携手共同创造美好的未来。在国内的毛泽东闻知此讯极为高兴，十分赞赏他们自由恋爱的行为，认为这是开了一个很好的先例，应该成为大家的榜样。

共产党人是抓不完的

1921年年底，蔡和森等人因参加领导学生运动而被法国当局遣送回国。不久，向警予也回到上海。这对夫妻开始了在国内的革命斗争。回国后不久，向警予加入了中国共产党。

1927年7月，汪精卫发动了反革命政变。血雨腥风弥漫武汉三镇，许多革命志士惨遭杀害。化名夏易氏的向警予，租住在汉口法租界三德里九十六号的小楼上，以失业小学教员的身份作掩护，和另一名女同志陈桓乔编辑《大江报》，在武汉开展秘密工作，和工人们一起生活、战斗、发展进步力量。

1928年3月20日，一群武装匪徒，包括法国巡捕房的密探、巡捕，以及汪伪政府武汉卫戍司令部稽查黄佑南等，由叛徒宋若林带路，团团包围了法租界三德里九十六号。一群密探蜂拥上楼，房门被踢开了，巡捕头子问向警予：“你就是夏易氏？”向警予轻蔑地说：“是又怎么样？”向警予两眼平视前方，很镇定。黄佑南很奇怪，难道大名鼎鼎的共产党头子就是眼前这个衣着朴素，沉静而瘦弱的女子吗？他眼珠子贼溜溜地转着，上下打量起向警予。

“夏易氏，放明白点，东西都藏在哪里？”黄佑南虚张声势地说。向警予没有理会，反而用她蔑视的眼神像利剑一样刺向黄佑南。向警予被带走了。第二天，国民党把逮捕向警予作为重大胜利大肆宣扬，妄图以此来打击共产党人及革命群众的斗志，但是他们错了。向警予那泰然镇定的神态早已让匪徒们胆战心惊，她蔑视一切的眼神里充满了对革命事业必胜的信念，共产党人是抓不完的！

雄词慷慨湘江向

被捕后的向警予被关在巡捕房的拘留所内。被捕的第二天，巡捕房便迫不及待地提审了向警予。讽刺的是，由于是在法租界，向警予在中国的土地上，被押上了法国人的法庭。

向警予故居

向警予同志纪念碑

“你知道为什么逮捕你吗？”法国法官煞有介事地问。

向警予听了这话，昂起了头，两眼直视着法官，朗声道：“我当然不知道，我只知道我在中国人的土地上，你们有什么权利在中国土地上抓一位中国的公民进行审问？”

“夏易氏，你的身份我们很清楚，你的本名叫向警予，是共产党分子在武汉的领导，你曾在法国勤工俭学，是著名的妇女领袖，在工人中很有号召力。”法官有点恼怒。

“我是一个革命者，我革命是因为要使中国富强起来，让中国人能站直腰，过上幸福的生活。你们有什么权利来审问一个中国的革命者？你们把法国大革命的历史都忘了吗？你们法国人不是鼓吹自由、平等、博爱吗？”向警予抬起一双上了镣铐的手，“这就是你们所谓的自由、平等、博爱吗？我是共产党员，我信仰马克思主义，因为只有马克思主义才能救四万万苦难中国人民于水火之中。既然如此，为什么要干涉我们的自由？”

在以后的二十天里，这样的庭审又重演了许多次，最后，就连法国领事也被向警予大无畏的革命精神折服。

1928 年 5 月 1 日，向警予被押往刑场。在去刑场的路上，她一次次呼喊着革命的口号：“打倒帝国主义，打倒国民党反动派！”“起来，不愿做奴隶的人们！起来，全世界受苦的人！满腔的热血已经沸腾……”恼怒的国民党在她的嘴里塞满了石头，又用皮带缚住她的双颊。

枪声响了，乌黑的枪口冒出阵阵青烟。向警予英勇就义，壮烈牺牲，她用自己的鲜血在中国革命史上写下了光辉的一页。

（本文选自中国青年网）

我在沂蒙山区的战斗故事

口述/杨　峙　整理/松　泽　沙存强

杨　峙

十八岁，瞒着父母去当兵

我的老家是平邑县地方镇，我参军时十八岁，时间是1939年10月。当时从家里偷偷跑出来当兵，和我一起参军的是一个邻居家的同学，我们都是瞒着父母。

我们先是来到了蒙山前的一个村，当时那里有个八路军的办事处，叫蒙山办事处。我们学校的一位老师在那里当办事处主任。他原是地方镇的一个老师，叫刘次公，也叫刘学宽。我们先是投奔他去了，他希望我们俩留在办事处协助他工作。当时办事处的人不穿军装，穿的都是便衣。我们对老师说："我们出来是想当兵穿军装的，不想留在这里。"老师尊重我们的选择，就把我们送到了鲁南支队的一个警卫营当兵。没待几天，这个营就和鲁南支队七团合编了。七团是从渤海军区来的，大部分战士都是河北人。那个时候叫升级，其实就是整编了，我被编到了七团十二连。1940年，部队又整编到了一一五师，我去了六八六团，也就是大家习惯叫的老六团。这个团是老部队了，我所在的班，还有两名老红军战士呢。

我虽然小学没毕业，但在部队还算

杨峙与战友的合影照

是有文化的人，没多久就当了副班长，半年后又当了班长。

那个时候，我们部队的装备不行，枪弹奇缺。只要有枪有子弹就是好枪了，因为有的战士只有枪没子弹。除了在战场上缴获敌人的子弹，没有人给你发子弹。没子弹，枪就成了“烧火棍”，七八斤重背着怪沉的。有的战士更可怜，连枪也没有摸过，就在战斗中负伤或牺牲了。当时部队用的最好的枪就是汉阳造步枪，我还比较幸运，一当兵就有了自己的枪，后来我还用过许多种枪。那个时候，许多战士用的枪都是从敌人手里缴获来的不太好用的枪，有的枪破得根本就没有准头，子弹射出去，是横着飞的！有的战士有机枪也不能用，干着急，因为没子弹。在那个困难时期，地方上的土匪和恶势力的武器装备可能比我们部队的装备更强，他们有钱，买的都是新枪。当时，我们在鲁南地区还没有自己的兵工厂。后来有兵工厂了，可以“返子弹”（返修子弹，就是从战场上拾空弹壳，向里面装火药，自己加工子弹）。但还是缺少火药，并且自己造的子弹头质量也不过关，给步枪用还凑合，机枪就不能用了，一打就卡壳。那个时候自己造的手榴弹质量也不行，投出去，一炸两半，根本谈不上什么杀伤力。所以，武器大都是缴获敌人的，基本是“以战养战”。

三打“刘黑七”，清除地方反革命势力

我参军后的第一仗，打的就是刘桂堂。我们部队曾先后三次打过刘桂堂。刘桂堂绰号叫“刘黑七”，在当地恶名远扬，性格反复无常，曾投靠过我们部队，后来又反叛，他与日本侵略者勾结，袭击八路军，杀害我们的抗日干部和群众；号称一个师，有几千人。我们部队决定消灭他。

第一次打刘桂堂，是在上冶。当时

我们部队驻扎在离上冶十二里的一个村里，战斗则发生在上冶附近的一个山头上。我们一个营去打，战斗进行得很激烈，我们班的副班长就是在这次战斗中光荣牺牲的。后来刘桂堂的大批增援部队赶来反攻，我们就撤下来了。

第二次打刘桂堂是在刘桂堂的老窝——铜石镇锅泉村，战斗打得不是很顺利，打了没一会就撤了。

第三次打刘桂堂是在8月，在大井村。那一仗我们连是主攻连，那次把刘桂堂打得不轻，打的是他的司令部，我们部队把村子攻下来了，司令部也给打溃了，但让刘桂堂逃跑了。

最初的时期，我们部队的处境非常困难，周围不但有日军、伪军和国民党的部队，还有红枪会、天宝山联防队等地方恶势力和土匪。有半年左右的时间，为了在当地站稳脚，我们部队主要以清除土匪和地方恶势力为主。

有一年春节，我们部队去宝台路过一个叫花家村的大村，开始这个村还很友好，热情招待，后来地主组织起来对抗我们了，等我们执行完任务回来的时候，不让我们进村，但是我们很快给镇压下来了。经过大半年与地方反革命势力的战斗，部队在根据地很快发展壮大起来，受到群众的热情拥护。

夜过津浦铁路线，未能完成的拯救任务

1941年，震惊全国的皖南事变发生后，我们六八六团接到命令前去安徽支援被国民党围困的项英部队。当时去安徽要过津浦铁路。那个时候，过铁路线可不是一个简单的事，日军对铁路防范很严，一二里远就修一个碉堡和据点，还时不时有装甲车巡逻，他们不仅把铁路线当成运输线，更是当成一道封锁线，很大程度上影响了我们部队的活动范围。

那次我们是晚上偷偷过铁路线的，急行军八里地没敢停下来，怕敌人阻截打起来，误了时间。我们六八六团过了铁路线后，又接到命令说不去了，路太远了，等部队赶过去，战斗也早结束了。回来的路上，我们团在鱼台的一次战斗中消灭了两千多伪军。

除此之外，我还有一次过津浦铁路线的经历，当时的任务是护送去延安的干部并运回弹药。那一次过铁路线由于有当地的地下党组织帮助，我们过得很顺利。地下党组织对附近村里的群众工作做得很到位，使我们的安全有了保障，我们甚至在靠近铁路边的村里住下。第二天，在地下党交通员的带领下很安全地走了个来回，这在当时来说，是个很不简单的事。

难忘郯城战役，两次带头打主攻

1943年1月19日，八路军一一五师教导二旅在罗荣桓、陈光的指挥下，发起郯城战役。我参加了郯城战役，两次带头打主攻战。

我们团驻扎在莒南洙边，当时正在看戏，上面下了命令：紧急集合，连夜开拔向郯城进发。我们一夜急行军四十多公里。

我们班被选到突击部队里去了，我是班长。第一次攻击时，我们班的任务是架桥。

郯城居临沂至新沂之间，是鲁南入苏北的交通要冲。日军侵占郯城后，加筑了城墙，并开挖外壕、修筑碉堡等，易守难攻。当时敌人挖的外壕很宽很深，木工在做桥板时做短了，做了个一米宽三米长的桥板，晚上开始进攻时，我们班跑上去架桥，结果发现桥板还缺一大

郯城战役

郯城战役中投降的日军

段才能架到敌人的外壕对面，没办法，第一次的攻击只好停了下来。那时，真是枪林弹雨，敌人发现枪打不到我们，就向我们扔手榴弹。其中有一个手榴弹扔到我屁股底下，幸运的是，它不知怎么没响。在这枪林弹雨中，奇迹的是我们班没有一个战士受伤。

就在这第一次攻击中，我遇到了九连副排长，他原是枣庄铁道游击队的队员。我在八连，他在九连，由于都是回族人，所以见了特别亲切。他对我说："你好好架桥，我带突击队。"桥没架成功，我撤下来后就去找他，想告诉他桥没架成不能突击了，谁知到他们连找他时，有人告诉我，他已经牺牲了。我还很奇怪，怎么还没有突击就牺牲了呢？有人说，可能是中了敌人的冷枪。我至今感到遗憾的是，我连他叫什么名字都不知道，只记得他的名字中有个"因"字。他牺牲后，当天就埋在了郯城城门南边的一处地方。他的牺牲，让我很难过。

第二天，刚准备撤，不知道怎么又紧急集合，在召开排以上干部会议后，还是准备打，就又开始攻城了。这次，我们班接到命令不架梯子了，当突击班攻城门。当时我们班是从郯城南门根东边攻上城的，四班班长张桂林在我的东侧攻打。两个班一起从南门进攻。

当时四团和县大队负责打外围，在他们的支援下，我们团的战斗进行得很顺利，我所带的班一个伤亡也没有，攻上城墙后，我占领了城南门楼。上去后，发现许多敌人逃跑时扔下的手榴弹和枪，我们捡起就用来打敌人。为了让后继部队进城，正好有个战士过来，我就让他下去把南城门打开。我记得他姓解。城门一开，大部队冲了进来。

城内的巷战打得很激烈，整整打了一天。我们打巷战的办法是把墙炸开一个洞，摸到敌人后面打他们。其间还发生过一件奇事，我们班有个小战士，敌人在巷战中投过来一个手榴弹，正好打在他的腿上，手榴弹爆炸了，结果他一点也没有受伤。后来，我们把这事都当成笑话讲。

经过激烈的巷战后，我们打到了郯城的县衙门口，县衙门后有个日军的两层楼的碉堡。准备打碉堡时，我又遇到了那位姓解的战士，我就问他是干什么的。他说："我是爆破的。"我就让他上去爆破。结果他把碉堡下面的墙给炸开了一个大窟窿。我们一个班的人都钻了进去，楼上的敌人没有动静，可能都被炸晕了。当时跟着我们进去的，还有我们的一个副团长。碉堡有两层，平时有梯子可以通到二楼上去，现在敌人把梯子撤走了，我们上不去，要是敌人从楼上投下几颗手榴弹可就麻烦了，我们赶紧撤了出来。后来又对碉堡进行第二次爆破才炸塌。我过去看了看，一共有十多个日本士兵的尸体。

战斗结束后，我们连被评为"郯城战斗模范连"。郯城战役是首创八路军在山东敌后运用"敌进我进"的"翻边战术"攻占城池的范例。

（本文选自临沂在线）

回忆陈集歼灭战

文/王志甲　邢　泽　沈　政　孙志杰

陈集战斗全歼日军三十五师团的一个中队，在苏北战场上，创造了一个歼灭战的范例，振奋了盐阜区军民抗日的士气。担任主攻部队的新四军三师八旅二十三团成了当地人民称颂的英雄部队。至今，当地人还经常怀念这些为国捐躯的英雄们。

1943年2月中旬，敌十七师团南浦旅团、三十五师团、十五师团各一部和伪军共两万余人，对苏北盐（城）阜（宁）地区发动了疯狂的"大扫荡"。沿途烧杀抢掠，奸淫妇女，历时一个半月。敌人先进行梳篦式"清乡扫荡"，继而抢占我方根据地的阜宁、陈集、东沟、北沙、八滩等地，妄图依托这些据点，摧毁我方根据地，推行敌伪统治。这对我方盐阜抗日根据地的巩固和发展造成了严重威胁。我军为了对这批敌人予以歼灭性打击，迅速把分散的部队集结起来，于3月中旬向敌人发起了反"扫荡"。二十二团首战单家港，毙伤敌伪二百余人。接着，八旅和盐阜军分区首长将攻打陈集，全歼守敌的任务，则交给了二十三团。

陈集是个小镇，约有二百多户，位于阜宁西南，是通向东沟、益林、黄营、北沙的要道，也是阜宁县抗日民主政府驻地。敌三十五师团林我夫大队的崖畅也中队侵占该镇以后，还没有形成坚强的防御体系，只抢修了一些简易工事，这种情况表明敌人还立足未稳，正是我们歼灭敌人的有利时机。为此，旅、团首长决定抓住这个时机，打下陈集，拔掉这个钉子，消除我根据地军民的心腹大患。

陈集战斗是由新四军三师副师长兼八旅旅长张爱萍统一指挥的。由于敌人装备好、战斗力强，旅、团首长决定集中优势兵力进行这次战斗。二十三团一、二营五个连队担任主攻，旅特务营一连和侦察队配合；二十二团在阜宁方向打援和阻击陈集可能的外逃之敌；建阳总队在东沟、益林方向打援；二十三团三营由叶建民参谋长率领在北沙方向打援。

打响陈集战斗的当天下午，在团部驻地的一个大院里，召开了全团班长以上动员大会，张爱萍旅长在会上作了生动有力的战斗动员。首先讲了敌情和作战有利条件。根据侦察和情报，陈集驻有日军一个中队，八十多人，携有重机枪一挺，轻机枪三挺，掷弹筒三个，步枪五十余支。陈集周围有水围子，筑有机枪掩体和散兵坑，还有未修成的圆形碉堡。敌人主力在镇西部，镇东头有敌人一个小哨，镇北、镇西各设复哨警戒。敌人对夜间警戒较为疏忽，我们决定在夜间攻击。战斗在根据地内进行，我们有广大人民的全力支援，他们事先已将据点周围的狗全部抓走，这样就便于我们部队隐藏地接近敌人。同时，阜宁县委书记马斌同志亲自率领数百名群众，前来支援我们。从敌我兵力对比来看，我们占绝对优势，直接参加陈集战斗的部队八倍于敌，部队士气高涨，并且有和日军作战的丰富经验。这些都是胜利的重要条件。

张旅长特别指出：“二十三团是一个有战斗力的部队，曾经与日军多次交战，立过战功。所以这次把打陈集的任务交给你们，希望你们一定要打好，为二十三团争光。为保证你们打好陈集战斗，我们已将阜宁方向的打援任务交给二十二团。同陈集相比，阜宁有日军一个联队部率一个大队，并有伪军三十三师一个团。担任阜宁方向打援，二十二团任务将更为艰苦。”

张旅长的讲话、动员大会的号召迅速传遍全体指战员，干部战士群情振奋，个个摩拳擦掌，充满了胜利的信心和决心，恨不得立即投入战斗。有的干部说：“张旅长 1928 年就是苏北红十四军的大队长，率领红军战士，转战苏北，屡建战功。抗战后，曾任九旅旅长，与日军作战多次，打了许多胜仗。今天又亲自指挥我们打陈集，这一仗肯定能打好。”红军干部、一营特派员苗元厚以亲身经历介绍了二十三团一营的光荣历史。他说：“我们的一连、二连曾是红二十五军七十五师的两个连队。抗战开始，七十五师又改编为一一五师三四四旅六八八团，和日军作战多次，屡受嘉奖。1939 年 6 月，一营在冀鲁豫苗堤围伏击日伪的战斗中，毙伤敌伪百余名，二连缴获敌人山炮一门。这些说明我团有与日军作战的丰富经验。今天，我们干部战士士气那么高涨，斗志那么昂扬，一定能打下陈集，全歼敌人。”干部战士纷纷表态，要发扬光荣传统，绝不当孬种。特别是干部，一致表示，这一仗只能打好，不能打坏，坚决要为我们团争光，争取新的荣誉。

为了打好陈集战斗，二十三团认真、紧张地进行了战前准备。组织干部战士侦察地形，了解敌情，准备攻坚器材，

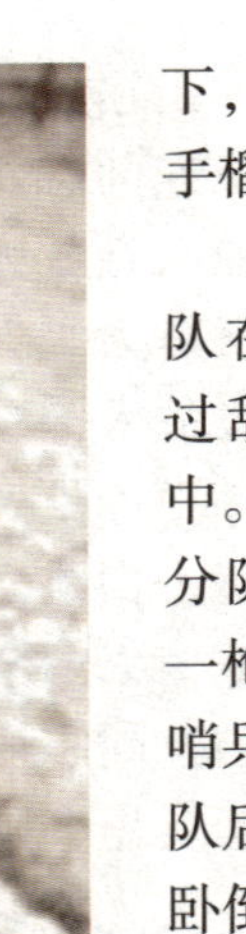

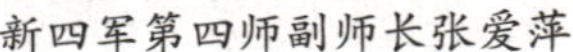

新四军第四师副师长张爱萍

更深入地进行战斗动员，参战连队普遍组建了奋勇队，并同地方联系，取得他们的积极配合。

3月25日晚9时许，二十三团五个参战连队在胡继成团长的直接指挥下，利用夜幕的掩护，悄悄地接近了陈集守敌的警戒线。10时，一营一、三连从镇北，二连从镇西，二营五、六连从镇东，同时从三个方向发起了冲击。各连都以迅雷不及掩耳之势，突破了敌人的警戒线。其突然和迅猛的程度，仅从敌人住房遗留的物品就可以看出他们仓促应战的狼狈景象：有的甩了钢盔，有的丢了大衣，有的扔下衣服，有的丢下鞋子……

在镇北面，敌人有个复哨。三连奋勇队在排长周保江率领下，突然跃起攻击，敌人只打了一枪，就大叫一声，向镇内逃窜，其中一个敌人，在三连紧追下，躲入路旁一所房内，被手榴弹炸死。

在镇东面，五连奋勇队在史副连长率领下，绕过敌人哨所，顺利进入镇中。连长马正全率领的后续分队，被敌人哨兵发现了，一枪打伤了班长周培然。敌哨兵怕被抓住，竟跟在奋勇队后面逃跑了。有的战士还卧倒在地上，指导员鲁顺鼓动：“敌人哨兵跑了，快冲上去！”战士们奋勇而上。马正全连长动作很快，他迅速接近哨所，把手榴弹塞进窗户，一声轰响就把敌人消灭了。

镇西面河水齐腰，桥被破坏，二连的战士毫不犹疑地跳入河口，涉水渡河，迅速突破敌人警戒线，在桥头与敌展开激战，毙敌七八人。战后打扫战场时，捉了一个负伤的日本士兵，日本反战同盟的松田谦次去做工作，要他接受治疗，竟被他咬了一口，后来这个日本士兵因破伤风而死。

一连、六连也同时突入镇内，进行战斗。

五个连队像五把尖刀，勇猛穿插，势如破竹，把敌人的指挥系统和兵力部署打得乱作一团，真是敌中有我，我中有敌。各连都与敌逐屋展开争夺，我们夺过来一座房子，敌人又拼命地想夺回去。有一座房子我们就与敌人反复争夺了四次。当三连奋勇队攻到一所大院时，敌人用两个小队来包围我们，在约半小时内，敌人向我们连续进行四五次猛烈的反扑，英勇顽强的奋勇队员，沉着应战，一次又一次地把敌人击退。这时借着手榴弹爆炸的火光，三连同志发现紧挨着大院的房子原来是敌人存放弹药的地方，敌人拼命反扑，就是为了保护弹药。三连同志明白，击毁敌人弹药就能迅速取得胜利。周保江一声令下，三连奋勇队一面投弹、射击，一面跳墙、越窗，一直冲到弹药房门口，敌人伤的伤，死的死，被打得蒙头转向。同志们迅速将十几颗手榴弹投进弹药房里，随着手榴弹的爆炸，引起巨响，火光四起，弹药被点燃了，整个房子也被点燃了。

二营五、六连在陈集西街路南与敌人展开了肉搏战，敌人端着上了刺刀的枪，拼命反扑，头一次反扑，被五连一阵手榴弹打了回去，接着，敌人又冲上来，副排长史朝科利用墙角，从侧面突然出击，刺倒三个敌人，接着他又和徐德胜、单天华一起与敌人拼刺刀，杀退了敌人。不幸的是史朝科在这里壮烈牺牲了。排长赵聚成在与敌搏斗中，冲锋在前，勇猛顽强，夺得轻机枪二挺，步枪一支。经过七次搏斗，敌人终于被我方从西街路南赶到路北。在敌人撤退时，又被六连击毙数人。

经过两个小时的短兵拼搏，敌人被我军歼灭过半，残敌大约四十人，在混乱中被我军压缩到陈集西北隅的一个大院里，进行顽抗，他们一面射击，一面连续发出救援信号。这时，约在凌晨1时，我方一连在敌人固守大院的北面，三连在东北面，五连、六连在东南和南面，二连和旅侦察队在西面，对敌已形成紧密包围。敌人既难突围，又不投降。而我们虽有绝对优势兵力，但受到地形和武器装备的限制，攻击一时也难以奏效。所以，敌我双方实际上处于僵持状态。

各连同敌人在夜间对峙作战，主要是凭借敌人射击时发出的火光，寻找目标进行射击。对峙是近距离的，有的只隔一垛墙，因此我们要靠手榴弹打击敌人。只要发现敌人那里火光一闪，我们就打手榴弹。随着手榴弹的爆炸，那里的敌人不再开枪了，那就是那里的敌人被消灭了。三连二排排长是个彪形大汉，动作敏捷，臂长力大，在训练时，手榴弹一出手就是五六十米，被称为投弹能手。他在对峙中，一连甩了三十多颗手榴弹，消灭敌人火力点多处。当见到一营教导员王志甲时，他兴奋地掏出许多手榴弹拉火圈让王教导员看，王教导员拍着他的肩膀鼓励："打得好！你这个投弹能手已成了杀敌英雄。"

为了尽快歼灭被围之敌，凌晨2时许，胡继成团长在二营阵地上，召集营以上干部，分析了敌情，重新作了部署。胡团长提出，地形许可的，要近迫作业，挖交通沟，接近敌人，进行火攻，要想办法把敌人占领的房子烧着，迫敌出洞。会后，各连队根据各自的具体情况迅速地行动起来。阵地上，有的挖交通沟，准备火攻，有的喊话，争取敌人投降。三连副指导员刘连又平时努力学习日语，并教会战士用日语喊话，这次他积极喊话，当喊到"打倒日本军阀、财阀""优待俘虏，缴枪不杀"时，敌人以密集火力向其射击，他被击成重伤，倒在地上，仍坚持高喊"打倒日本帝国主义""中国共产党万岁"，直至壮烈牺牲。

4时许，张爱萍旅长在胡继成团长陪同下，来到前沿阵地。张旅长靠近一处枪眼观察敌情，就在这时，敌人一枪打穿了他的大衣，好险哪！五连连长马正全马上把首长拉开。张旅长视察敌情后，告诉各连积极挖交通沟，接近敌人，准备火攻，创造条件，消灭敌人。

天亮以后，敌我双方仍处于对峙的胶着状态，房对房，墙对墙，枪眼对枪眼地相互射击。这时，天气发生了变化，绵绵细雨愈下愈大，交通沟里越来越湿，近迫作业也越来越难。但为了创造火攻条件，各连在火力掩护下，仍在一铲一铲地挖沟，一步一步地接近敌人。情况对敌人越来越不利，虽然困兽犹斗，但他们四面被围，援兵无望，粮已绝，弹将尽，实已成为瓮中之鳖，绝难逃脱全部被歼的命运。

眼前我们的任务是突破敌人固守的大院，粉碎他们的顽抗。上午9时，一连战士陈全林，首先爬到敌人草房上，向房内投手榴弹，被敌打伤，未能奏效。接着一连战士陈大章，用长竹竿绑上棉花、浇上煤油作为火攻工具，通过交通沟，利用敌人火力死角，把敌人固守的大院正房房角点着了。当时东风劲吹，风助火势，火借风威，火焰愈烧愈旺，敌人感到固守顽抗有死无生，想从豁口向北突围。一营事先就估计到这一点，在豁口外的独立房内布置了兵力，由红军干部、一营特派员苗元厚率领一连苏联机枪班和卫生员，在房内挖好枪眼，对准豁口，封锁敌人。敌人突然向封锁点打出白旗，一连机枪班的同志喊："敌人打出白旗，要投降了。"等了一会儿，敌人没有动静，接着又掷出几排子弹，表示就要投降。很显然，这是敌人要的花招，企图先涣散我军的警惕性，再拼命突围。

9时半，数十个日本兵先打出烟幕弹，遮挡我军的视线，然后端着枪，在一个手持指挥刀的日军率领下，大喊大叫地冲出大院奔向北面的豁口。他们分为两路。一路直扑独立房，在那里遭到

新四军第三师第八旅在苏北阜宁县陈集全歼日军一个加强中队后，战士们在缴获品前留影

一营特派员苗元厚率领的一连机枪班迎头痛击。苗特派员和机枪班同志的机枪、步枪、驳壳枪、手榴弹一齐开火，打得敌人东滚西爬，鬼哭狼嚎，杀伤敌人八九个。但敌人仍未死心，有几个敌人趁我军苏联机枪换弹盘时，利用死角冲进我军独立房内。苗元厚和机枪班同志用驳壳枪、刺刀、摔打等方式同敌人激烈拼搏，最后拉响手榴弹，和敌人同归于尽。另一路敌人没命地直奔村边水围子，占领退路，进而跨过水围子，妄图逃窜。在这个小小的战场，凡是能靠拢的部队，都迅速赶到，顿时，敌我双方的机枪、步枪、手榴弹各种火力交织在一起，枪声、爆炸声震耳欲聋，形成一片火海。旅特务营一连沿水围子南岸迅速赶来，他们立即展开侧击，截击逃跑之敌。

这时，张爱萍旅长、李雪三政委、胡继成团长都赶到了。张旅长站在一个土墩上，见到王志甲教导员，当即命令：你们赶紧带部队追下去，不要让敌人跑掉，一个也不能让他逃跑掉。王志甲教导员立即和在场人员向敌人紧追下去。

在追击中，二连战士白经良一刺刀刺在敌人屁股上，缴了一支步枪。六连副班长严凤才一口气追赶了一里多路，打死两个敌人，缴获两支大盖枪。五连战士单天华一人追击两个敌人，结果打死一个，跑掉一个。二营通信员李为富、三连战士刘全强在追击中，他俩打死三个敌人（有一个是指挥突围的小队长）。有一个掉队的敌人，回过身来，跪下磕头，要求饶命，但已晚了，被追击火力打死。剩下的十八个敌人，逃到陈集东北的郑家庄前，遭到在那里打援的二十二团迎头痛击，全被消灭。

至此，陈集日军中队长崖畅也以下八十三人，全部被歼。我们部队缴获重机枪一挺，轻机枪三挺，步枪四十余支，掷弹筒三个，洋马三匹，其他军用品一部，烧毁敌电台一架，弹药三四十箱，拔除了阜宁地区中心的一根钉子，创造了苏北平原歼灭战的光辉战例。

与此同时，在八旅和盐阜军分区首长的通盘部署下，建阳总队在3月25日夜，袭击了东沟敌人，全歼伪自卫团二十余人，并打退了增援的日军。阜宁、阜东、射阳总队在3月25日夜，分别袭击了阜宁、东坎、六套、七套之敌。建阳总队一部还袭击了花头墩据点，歼伪三十三师一个连。涟东总队袭击北沙据点，歼敌三十余人。这些袭击战斗有力地配合了陈集歼灭战。

陈集战斗的胜利，对挫伤敌人士气、制止其“伪化”政策，起了重要作用；对我军连续反击、扩大战果、粉碎敌人的“扫荡”，是一个很大的鼓舞；尤其是对盐阜人民的斗志和争取反“扫荡”全胜的信心和决心，是一个极大的提高。

打下陈集后，当地人民欣喜若狂，纷纷前来慰问我团。

战斗结束后，各参战连队都进行了战斗总结，表彰了战斗英雄和模范人物。全团还召开了有数千军民参加的追悼大会。张爱萍旅长在大会上讲了话，他说，陈集歼灭战是二十三团的胜利，是八旅的胜利，也是盐阜人民的胜利。并号召大家，再接再厉，多打胜仗，为烈士们报仇……团政治处主任雷铁鸣同志在会上宣读了悼词。二十三团为牺牲的烈士建立了烈士纪念碑，黄克诚师长在纪念碑上题写了“陈集战斗烈士们永垂不朽”！

（北京新四军研究会供稿）

耿耿丹心照千秋

文/刘力贞

刘志丹

刘志丹（1903—1936年），陕西保安（今志丹）人，陕北红军和苏区主要创建人之一，中国工农红军高级将领。1924年加入中国社会主义青年团，1925年春转入中国共产党，同年冬受党指派进入黄埔军校第四期学习。1928年4月，参与领导渭华起义。1931年10月，和谢子长等组建西北反帝同盟军，后改编为中国工农红军陕甘边游击队，任副总指挥、总指挥。1935年2月，任西北革命军事委员会主席。1935年9月，红二十六军、红二十七军与红二十五军会师，组成红十五军团，任副军团长兼参谋长。

中共中央到达陕北后，历任西北革命军事委员会后方办事处副主任，红军北路军总指挥兼第二十八军军长等职。在他的影响下，陕北红军与中央红军团结一致，共同对敌。1936年率红二十八军参加东征战役，4月14日在中阳县三交镇战斗中英勇牺牲，时年仅三十三岁。

我的父亲刘志丹，是西北红军和西北革命根据地的主要创始人之一。在他的带领下，这个土地革命战争时期全国仅存的完整的革命根据地，最终成为红军三大主力长征的落脚点。父亲牺牲后，毛泽东题词“群众领袖，人民英雄”，概括了这位西北红军和陕甘宁边区创建者的光辉一生。

乡间少年走向革命

1921年，年仅十九岁、尚在永宁山高小读书的父亲刘志丹成亲了，母亲小他两岁。在陕北，刘家算得上是望族。对于嫁给父亲，母亲喜忧参半：高兴的是她嫁了个有学问、知书达理的丈夫，忧的是怕父亲嫌弃她不识字。然而父亲却说：“文化是学来的，只要你肯学，我教你。”

一年后，父亲考上了榆林中学，要离开家出门求学。临走前，母亲为父亲凑足了盘缠和学费，并送他上路。三年中学生涯，父亲变了，变得忘了“小家”，而一心想着如何拯救“大家”；此时的母亲，守在家里等着丈夫，照顾年迈的老人。1925年秋，父亲被党组织选派去黄埔陆军军官学校学习。

版画《刘志丹和赤卫队员》

武装革命建根据地

父亲进入黄埔军校第四期，先在步兵科第一团第二连学习，不久转入炮兵科。在那里，他结识了周恩来、恽代英、萧楚女、王懋廷等共产党人。

1928年初，国民党第八方面军新编第三旅准备在陕西发动起义，父亲积极响应。5月10日，唐澍与父亲率领许权中大部奔赴华县高塘镇准备起义，一时间，整个渭华平原打“土豪”、分财物，革命运动搞得热火朝天。然而，持续一个月的起义还是失败了，唐澍壮烈牺牲，队伍损失惨重。

1928年的一天，根据组织上的安排，父亲重新回到阔别两年多的故乡。看到丈夫衣衫褴褛，消瘦又显得疲惫，还长了一身疥疮，母亲心疼不已。但没过多久，父亲又开始“活动”了。1929年春，他与曹力如、王子宜一起创建了保安县第一个党支部，并利用合法手段夺取了县民团的权力。父亲与曹力如分别担任正副团总，把这支敌人的武装改造成人民的队伍，在陕西、甘肃交界处打击地方恶势力，创建革命根据地。

父亲深得当地老百姓的拥护和爱戴，保安城传唱着好多首有关父亲的信天游，如“瓦子川，大梢山，刘志丹练兵石峁湾，人欢马啸惊天地，大兵练好千千万。穷人听了心喜欢，地主老财吓破胆，穷人跟上刘志丹，要把世事颠倒颠”。

“男扮女装”度过深冬

1929年冬天，我降生时父亲正在家

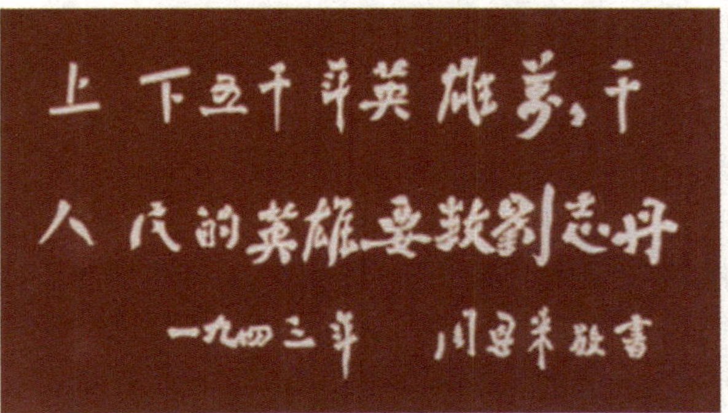

周恩来给刘志丹的题字

中，他兴奋地对母亲说：“咱们有孩子了。”母亲故意说：“高兴啥，不过是个女子。”父亲反驳说：“男女都一样的。”他为我取名力真，并告诉母亲真是真诚、质朴的意思，还教母亲我的名字怎么写。多年后，母亲才把我的名字改成了力贞。

之后四年，我对父亲的印象并不清晰，直至1934年那次“抄家”。当时，父亲已经创建了南梁革命根据地，恢复了红二十六军番号，对国民党形成了严重威胁。1934年春节刚过，国民党便派大军“围剿”南梁根据地，同时派民团抄红军家，并重金悬赏捉拿我家老少，还说对藏匿我们一家的人格杀勿论。幸而我家早有准备，逃入山林，让敌人扑了一个空。敌人气急败坏，烧了房子，挖坑掘地，又挖了我家祖坟。

于是我们一家人开始逃命。母亲带着不满五岁的我藏了起来。有一次，我们母女俩藏在袁家沟斜对面一条拐沟的山水洞里，足足躲了八天。后来，习仲勋叔叔派人把我们全家陆续接到南梁根据地。我们终于和父亲团聚了，并且相处了长达两年时间。

一天，一个战士给我逮了只鸽子玩，我开始拔鸽子毛，父亲见状狠狠地在我头上拍了一下，说：“这么小的孩子，怎么这么残忍？”“你整天打仗杀人呢，孩子拔根鸽子毛算啥？”母亲上前为我辩解。“那不一样，红军可不是杀人不眨眼，我们打的杀的都是坏人。人要有爱心，这么小都不知道爱护动物，长大了咋办？”父亲生气了。现在想来，这是我生平第一次也是最后一次挨父亲的打。

我还记得父亲的一件“趣事”。1934年冬天，陕北寒冷，细心的母亲找来一些布绺绺，七拼八凑地给父亲做了一件棉袄。可过了几天，父亲却又穿着单衣从战场上回来，棉袄不见了。我母亲一再追问，才知道有个小战士掉河里，棉袄湿了，父亲见状将自己的棉袄脱下来给小战士穿上。母亲没有棉花和布再做一件新棉袄，父亲只好将母亲的一件大棉袄穿上，战友们戏称他“男扮女装”。

顾全大局自动“投案”

1935年2月，西北革命根据地发展迅猛，西北红军相继解放了安定、延长、延川、安塞、靖边、保安六座县城，苏区范围扩大到北起长城，南至淳化、耀县，西接甘肃环县，东临黄河的广大地区，正规军发展到四千多人，游击队十支。然而，正当人民革命轰轰烈烈的时候，苏区开始推行王明的“左”倾冒险主义。

一天，父亲被调派执行一项任务。他骑马路过安塞真武洞时，碰到一位通信员，身上带着一封写给红十五军团领导的信。信中有一份是即将逮捕的干部名单，上面有父亲的名字。为了不使党分裂，不给敌人可乘之机，父亲决定舍身顾全大局。他看过之后，把信重新封好交给通信员，让他送到军团部，自己回身去保卫局报到。

父亲和其他的“右派”分子被关在瓦窑堡的窑洞里。我和母亲曾想方设法去看望他，但牢房的窗户全被封了起来，我不住地喊“爸爸”，传回来的只有阵阵咳嗽声。

10月19日，中央红军长征到达陕北吴起，毛泽东一听说刘志丹被关起来了，立刻下令停止“肃反”。11月，周恩来到瓦窑堡，将被捕人员迎出牢房。

满园梨花都在哀泣

1936年1月25日，毛泽东、周恩来、彭德怀、刘志丹等二十位将领发表《红军为愿意同东北军联合抗日致东北军全体将士书》，并组织中国人民红军抗日先锋军渡河东征。刘志丹被任命为红军东征北路军总指挥兼第二十八军军长。

临行前几夜，父亲与母亲夜夜长谈。父亲说：“这次上前线，是再次去为我的信念而奋斗，又一次表达我对国家、对人民、对党的忠诚。这一去可能时间很长，战斗也一定很残酷的。过去，我对你和孩子关心得不够，你要谅解。”临行前夜，他抱起六岁的我亲了亲，说：“你是爸爸的好女儿。”这温柔而又用力地一抱，久久地印刻在我的记忆中。

第二天早上吃过饭，母亲正要锁门出去送别父亲，杨森叔叔来了，他与父亲并肩战斗多年，在“肃反”中又与父亲一块儿坐过牢。那时他也要上前线，前来与母亲告别。母亲不好立刻出门，就陪他说了几句话。等杨森叔叔走了，我们去送行时，父亲已带队出发。母亲呆呆地站在空荡荡的操场。当时我们不知道，我们错过了与父亲见最后一面的机会。

父亲东征指挥的部队，是从四个县集中起来的游击队，实际仅一千多人。可由于战士英勇，父亲对环境熟悉，打仗神出鬼没。从清涧到神府，部队节节胜利，使神府根据地与陕北根据地连成一片。

1936年3月31日，父亲率领红二十八军强渡黄河，又接连打了几个胜仗，牵制了敌军，使南线我军顺利前进。4月14日，父亲在前线不幸中弹牺牲。

我永远记得1936年4月24日，那个梨花盛开的日子，瓦窑堡南门外的山坡上，红军部队两三千人参加了父亲的葬礼。那天，满园的梨花开着，洁白一片，好像在替父亲戴孝。

父亲去世后一个多月，1936年6月，中央决定将父亲的出生地保安县改名为志丹县。

（本文选自《北方周末报》）

毛泽东给刘志丹的题字

我们的父亲贺炳炎

口述/贺雷生　贺北生　贺陵生　整理/王　哲

贺炳炎

贺炳炎上将素以“独臂”和传奇般的骁勇著称，被誉为“孤胆英雄”。在他三十多年的戎马生涯中，先后负伤十一次，身上留下十六处伤痕。父亲经常说：“我比很多人命大。”

提糨糊桶的小卒

1929年，贺龙领导的红军转战来到了湖北松滋，当地那个十六岁的小铁匠贺炳炎再也无心打铁了，他尾随红军两天两夜，跑到红军营地又哭又闹，要跟着他的父亲贺学文一起当红军、打坏蛋。因为他又瘦又小，红军怎么也不收留他。

贺炳炎

这时候贺龙军长来了，看到这个小家伙在这儿又哭又闹的，就说算了，留下吧。贺炳炎就在宣传队里提糨糊桶。

贺炳炎那时提着一个糨糊桶，刷标语。他个头小，军装都是缝了又缝，袖子往里挽了又挽。

半大孩子抓了四十七个俘虏

这个可爱的贺炳炎引起了贺龙军长的特别注意。第二年，贺炳炎被提升为贺龙的普卫班班长。此时的贺炳炎，天天巴望着上战场打仗，他盼得心都冒火了。一个偶然的机会，他竟一个人抓来了四十七个俘虏。

1930年的一天，贺龙说你去给部队送个信，就像传达命令一样跑个腿。送了信以后那部队的战斗已接近尾声，他一看，也拾起手榴弹扔了几个，拿着枪就往回跑。走在回来的路上，看见有几十个敌人逃兵。他拿着枪就喊："你给我站住！"结果那几个人站住了，因为搞不清是怎么回事。敌人回过头一看，只见一个小孩子拿着枪。敌军官拿着枪想反抗，贺炳炎用枪把敌军官给打死了，又扔了两颗手榴弹炸死几个敌人，这伙敌人就全老实了。贺炳炎叫他们都趴下，把枪栓拉下来，让他们一个人背枪栓，几个人背枪，就这样，把他们都押回了部队，一共是四十七人。他当时才十六岁，也就是个半大小子。大伙儿说："你看贺炳炎这么小，押回来四十七个俘虏。"后来贺龙说："哎，看来你还很能打仗啊，糨糊桶看来是不用提了，该提提枪了。"

贺炳炎抓完那四十七个俘虏，第二天贺龙就对他说，你再给我抓个"舌头"回来。第二天他又去了，把自己化装成一个蓬头垢面、疯疯癫癫的小叫花子，跑到敌人阵地旁边，撒了只野兔子。果然有个军官去追兔子了，他就拿树枝顶在那军官的腰眼上，说："不准动！"那军官以为腰上抵着枪呢，就把自己的枪给卸下来，贺炳炎把那军官带回来了。那军官又高又大，大伙说："贺炳炎一个人弄了个顶他两个块儿大的军官。"贺龙高兴地说："干得不错，快带你'请'来的客人吃饭去。告诉炊事班，不要怠慢了'客人'。"从这儿以后，贺炳炎展现了他灵活机动、能打仗的一面，贺龙慢慢就派他到作战部队去了。

贺炳炎很机灵，他在部队成长得很快，十八岁就当上了团长，长征的时候已经是师长了。

人称"贺小龙"

1932年春，贺炳炎调到湘鄂西军校当区队长。在一次战斗中因为人多枪少，就主动把自己的枪让给身边的学员。他跑到炊事班操起一把菜刀，突入敌阵，左砍右劈，使得靠近他的几个敌人还没来得及反应过来就成了"刀下鬼"。战斗结束，贺炳炎的英雄举动轰动了部队。有人给他取了个绰号——"菜刀队长"，也有人依照贺龙"两把菜刀闹革命"的典故，称贺炳炎是"贺小龙"。

在第二方面军，士兵们就习惯叫贺龙为"贺老总"，叫贺炳炎为"小贺司令员"。贺炳炎跟着贺龙出生入死，贺老总还救过他两次命。

贺炳炎有一次到另外一个部队去任职，因为敌我之间犬牙交错，当时就派部队去送他。贺炳炎性格和别人不一样，别人都愿意骑马，而他愿意骑骡子。他说："这骡子好用，病少有劲，但是骑起来不舒服；马跑起来比较稳，骡子跑起来不是很稳。"但是他一直骑骡子。路

长征途中的贺炳炎

上遇见敌人，当时误会了，我父亲还问：“你是哪个部队的？”结果一看碰到的是敌人。敌人人多而他就带了几个警卫员。他就赶紧从骡子上翻下来，从悬崖底下跑了。西北很多地方都是深沟土坎。警卫员就还击了两枪，结果被打死了，马夫受了伤。敌人问马夫：“你拉的是谁？”马夫说：“贺司令员。”敌人就层层往上报，说打死了贺龙，报上也登了。中央就急了，说贺龙给打死了？毛主席发了电报赶紧问，贺龙就说：“肯定是贺炳炎的事。”

贺龙慢慢形成了一个习惯，打仗一攻不下山头就喊：“贺炳炎呢！”久而久之，这成了贺龙的口头语了，一到战斗最艰苦的时候就喊：“贺炳炎呢！”

当时有一段时间，搞“肃反”扩大化，把贺炳炎抓起来了，说他是“改组派”，别人只捆一根绳子，因为贺炳炎性格暴躁，就给他捆两根绳子。后来贺龙就说：“贺炳炎打仗不要命是为了共产党，他怎么可能是反动派！他怎么可能是‘改组派’！”要不是贺龙这句话，贺炳炎可能就被枪毙了。这件事后，贺炳炎就不在战斗部队了，而让他到师里当管理科科长。管理科科长就是管吃喝拉撒睡的。

有一次，战斗又打响了，贺龙又喊：“贺炳炎呢！”人家回答，贺炳炎在当管理科科长。贺龙说：“当管理科科长也上！”贺炳炎说好，他又上去了。

“这是贺炳炎的骨头，我要保存好”

1935年11月，贺龙指挥的红二方面军在长征途中遭到国民党军猛烈阻击，为保证主力部队通过，贺炳炎命令机枪手加强火力掩护，率部与敌军展开硬拼。

战斗中，贺炳炎负伤，他的右臂被炸成肉泥状，骨头全碎了，只留下一点皮连着肩膀。贺炳炎下来的时候，别人说：“贺炳炎你挂花了。”贺炳炎一看，哟，才发现胳膊打得不成样子了。

当时贺彪是红二方面军的卫生部部

贺　龙

长。贺彪说要截肢，贺炳炎就骂人，不让锯。所有人都来劝他，他都不让锯，说："谁给我锯这个胳膊我枪毙他。"贺龙就问，这胳膊能不能不锯？医生说不锯就要威胁到生命。实际上骨头都打碎了，不可能再保留了，接也接不住了，而且打得比较高位，那胳膊仅剩很少一点。

贺龙说："贺炳炎，你不想活了？你锯了胳膊，你还可以再打仗嘛。"贺炳炎问："还能打仗吗？"贺龙说还能打，他才同意锯了胳膊。

因为部队转移，后勤机关都转移了，只剩下掩护部队在那儿掩护。手术的器械没有了，贺彪亲自做，拿了一个钢锯子，消消毒，拿火烧了烧，就硬生生地把贺炳炎的胳膊锯下来了。锯掉的时候因为当时接的皮非常少，而且组织也都打烂了，在包扎这个残端的时候就非常费劲。最后就把剩下的那点皮给他勉强对合上。所以贺炳炎的右臂残端上就一层皮包着，本来应该是软组织包着，但合不上了，就这样勉强给贺炳炎缝上了右臂。缝上以后，因为当时也没有什么药，就给他敷了一层南瓜瓤子。

（本文选自海疆在线）

父亲与蒋家河口战斗

口述/唐宁生　唐曙光　整理/唐　蕾

唐少田

父亲唐少田出生于河南商城县南乡清风林村的一个贫苦农家，从小就淘铁砂、挑木炭、打短工挣钱养家，吃了很多苦，也练出一副好身骨。年轻时的父亲打起仗来十分骁勇。父亲枪法很准，曾是手枪队队长，长大后我还和他一起去打过猎，亲眼见识过他的枪法。在我们家中，曾经珍藏了一支阿斯特拉手枪，这支西班牙造M300型手枪最初的主人是罗炳辉，它跟随罗炳辉南征北战十几年，因为父亲英勇善战，罗炳辉为了奖励他，把这支枪给了父亲。1959年，父亲又将此枪转交给中国人民革命军事博物馆收藏。

父亲曾经任新四军第四支队九团参谋长，这支队伍能征善战，父亲曾和他的战友们在巢湖的蒋家河口共同打响了新四军对日军的第一仗。

1938年4月，新四军第四支队先遣营到达巢湖，侦察队员从当地老百姓口中获悉，巢县城沦陷后，日军到处烧杀抢掠，无恶不作，不断派出日伪军下乡“扫荡”。日军坂井支队侵占巢县后，四处骚扰，残杀百姓，他们将掠夺来的大米和物品，大船小船地运进县城，然后从淮南铁路运往各地，支撑日军的侵略战争。战士们听了群众的控诉后怒火冲天，决定给疯狂的日军一点颜色看看。

新四军第四支队开赴皖中敌后

伏击日军的蒋家河口旧址

指挥蒋家河口战斗的新四军第四支队九团政委高志荣

时任第四支队司令员的高敬亭令九团政委高志荣和参谋长唐少田率领侦察队和二营进入巢县侦察敌情，寻找战机。

5月14日下午，唐少田率领侦察队到运漕河西岸的焦山方面侦察敌情，获悉日军坂井支队的守备队近日将从蒋家河口登陆，抢劫粮食。此次日军登陆抢粮，蒋家河口是必经之地。并且这里水草丛生，堤边绿树成荫，便于隐蔽，是伏击的好地方。

于是，5月16日拂晓前，九团按高敬亭命令设下埋伏。8时，一艘日军汽艇耀武扬威地开来，渐渐能看清船上的日军了，共二十余人。到了蒋家河口东岸，日军分乘两艘汽艇，向西岸驶来。看到鬼子的神气劲儿，战士们都恨得牙痒痒。

一位指挥员数了数船上暴露出来的日军，小声对战士们说："不多，也不少，一个也不要放过！"汽艇由远而近，在蒋家河口码头停下，一名日军指挥官不住地叫嚷，催促船上的日军快下船抢粮食。

新四军指挥员数着跳下汽艇的日军，一个、两个、三个、四个、五个……当数到第十五个时，大喊一声："打！"步枪、冲锋枪一齐猛烈开火，日军一个个应声倒地。

打侧攻的四连一排听到侦察队枪响，从北侧高地勇猛地包抄过去，高喊着："冲呀！杀呀！活捉鬼子呀！"四连一排一面包抄登陆之敌，一面又分出一队打击滞留船上的日军。日军猝不及防，乱作一团，登上岸的日军还没搞清枪子儿从哪里飞来，一个个就中弹倒地。在汽艇上还未上岸的日军，慌乱中失去控制，造成汽艇急剧摇晃，在河里打转，丧失了还击力，一个个中弹落水。这一战，九团二营仅用了二十分钟就结束了战斗，二十余名日军全部葬身蒋家河口，新四军缴获轻机枪一挺，步枪二十余支，手枪一支。消息传开，群情振奋，裕溪河一带的群众从四面八方涌向蒋家河口。

第二天，新四军的同志拿了一支缴获的步枪和一套日军军装，到邻近的国民党军司令部去送礼，国民党副军长接见时，问道："贵军是几个团打的？"回答是："一个组。"那个副军长根本不相信，他后来向目睹战斗情况的农民几番询问，才无可奈何地承认了："新四军打得好。"次日，蒋介石通电嘉奖了新四军。

现在的蒋家河口竖立着一块由叶飞将军亲笔题写的"蒋家河口战斗遗址"的石碑。

（本文选自《现代快报》）

“娃娃司令”智除土匪

文/李　龙　王晓松

肖　华

肖华十四岁入党，二十二岁成为八路军东进抗日挺进纵队司令员，是著名的“娃娃司令”。

1938年7月，肖华率八路军东进抗日挺进纵队挺进冀鲁边区。9月27日，“挺纵”在肖华等人的带领下抵达冀鲁边中心区乐陵县城。

三战灯明寺

1938年10月，日本侵略者为了巩固在其占领区的统治，开始在华北进行残酷的“扫荡”。肖华带领部队在冀鲁边界一带严厉打击日军的嚣张气焰。其中，“三战灯明寺”“激战大宗家”等战役最为有名。

1939年1月26日，日军联队长藤井带领众多日伪军，出动十几辆汽车，满载武器弹药和一些建筑器材到位于冀鲁边界的灯明寺设置据点。为此，肖华从宁津率部连夜冒雪急行军四十多里，夜袭灯明寺。日军还没清醒过来就伤亡过半，伪军则抱头鼠窜。日伪军损失一百多人，枪炮弹药全部被八路军运走，藤井带着残部逃走。

几天后，藤井带着日伪军和抓来的民夫再次占领了灯明寺。肖华、邓克明采用民兵骚扰、主力部队攻其不备的战术，二打灯明寺。八路军很快解决了村里的伪军，但在战斗中遭到了日军顽抗。肖华和邓克明决定暂时撤退，待敌军逃走时再在野外消灭他们。

八路军刚出村不远，灯明寺突然浓烟滚滚，火光冲天。“鬼子放火烧村了！”“不能叫乡亲们遭殃，快去救火啊。”战士们纷纷喊道。肖华意识到，这是藤井的诡计：他们两次失利后，想进行报复；同时，他们想引八路军回村，在背后偷袭。肖华将计就计，自己带一部分人回村救火，让邓克明带一连人埋伏村外，等待时机攻敌背后。藤井发现八路军回村救火，立即带领二百多人进村。肖华指挥战士迅速回击，邓克明也带着一个连冲进村，从背后攻击敌人。敌军伤亡大半，仅剩几十个日军和藤井逃回。

八路军“挺纵”三战灯明寺、大败

肖华在东北主持第六十军的起义接手工作

肖华、王新兰夫妇

1938 年肖华（右）和陈光在山东留影

日军的消息不胫而走，迅速传遍了整个冀鲁边区，让抗日军民笑逐颜开。

铲除于志良

肖华带领“挺纵”到达边区时，经常接到群众来信，控诉盘踞在边区的于志良、孙唐臣等土匪横行霸道、奸淫掳掠的罪行。

于志良是陵县于集人。1937年他击垮驻扎在陵县神头镇的另一支地主武装李会亭部，占领神头镇，势力范围向西扩展到德县，向南延伸到平原县境内。1938年7月国民党山东省主席跑到神头镇，委任于志良为国民党山东保安第九旅旅长兼陵县县长。此后，他更加肆无忌惮，鱼肉乡里。

1939年3月，于志良派了一个连的兵力借口征收粮款，突然向老百姓的防匪进步部队“十八团”团部驻地发起进攻。首战大败之后，于志良气急败坏地开始了疯狂的报复，久攻不下之后，他竟然勾结日军，炮击村庄。于部在攻下“十八团”大部分村庄之后，宣布放假七天，纵容手下在各村为所欲为。

八路军了解情况后，迅速集合队伍奔袭陵县，向于部和十几个日军发起进攻，于部和日军仓促应战，很快被击溃。战斗持续了一个多小时，击毙日军十几名，击毙、俘获于部一千三百多人，并活捉于志良。最终，罪大恶极的于志良通过公审被当场枪毙。

处决于志良，为陵县人民除了一大害，当地群众欣喜若狂，纷纷握住八路军战士的手连声道谢。

能武亦能文

肖华来到冀鲁边区之后，并不是仅仅带领部队与敌人进行武装斗争，还在政治斗争和人才培养上多有建树。

肖华在冀鲁边区原有的“军政训练大队”的基础上创办了八路军冀鲁边区抗日军政学校，这所学校的课程主要有军事训练和政治课两种。肖华本人也曾亲自讲课，从国际反法西斯战争讲到边区抗战，讲得深入浅出，有声有色，引人入胜。这所学校使很多抗日军民的思想境界、觉悟和对时局的认识都有了很大的提高，因此它也被誉为“冀鲁边区的黄埔军校”。

对待国民党内的不同力量，肖华根据其具体情况做出了不同的应对策略：对待企图“围剿”八路军的孙仲文，他毫不留情，坚决打击；对像牟宜之、高树勋这样的进步人士，则团结争取，取得了良好的效果。

在肖华这位“娃娃司令”的领导下，冀鲁边区顺利渡过了抗战时期的重重难关，最终赢来了光明和平。

（本文选自《德州晚报》）

抗日军政大学

“红色密码”之父

文 / 张映武

曾希圣

“红色密码”之父曾希圣

长征期间，敌我双方都在大规模的行军途中，无线电通信成为双方传递军情的主要联系方式。蒋介石或许没想到，自己部队电台发出的电文其实大多数都被红军截获破译。在长征途中，曾希圣带领军委二局（负责情报侦查工作）人员全天候监听敌军的电波信号，破译了国民党八百多种不同的电文密码版本，被红军领导人称为“认识‘天书’的人”。

白手起家，通宵达旦硬啃“天书”

曾希圣于1904年出生于湖南资兴，1927年加入中国共产党，早先参加无线电人员培训班学习，1930年担任上海中共中央军委谍报科科长，负责情报工作，曾获取了国民党第三次“围剿”中央苏区的军事计划等重要情报。

1932年红军在攻打赣州时失利，从当时侦查的情报中了解到赣州这一块的国民党军人员比较少，大概是三千多人，是可以打的。但没想到赣州北面国民党

1945 年，新四军七师部分干部合影。左起：周绍昆、梁金华、曾希圣、黄耀南

1946 年，新四军七师部分领导干部在陶庄合影。右起：曾希圣、熊应堂、林维先、李步新

蒋介石嫡系五个师的精锐部队突然调动，迅速南下包抄了攻城的红军，红军在那次作战中伤亡很大。

此战过后，我军意识到，战场上军情瞬息万变，若能截获敌军的无线密电就能随时了解对方的动态。但国民党的电报内容都经过加密处理，报务员抄收的敌军电文虽然堆积了一大捆，但也只能一筹莫展。一次，曾希圣认识的一位邮电局报务员告诉他："其实无线电的密码也有规律可循，是可以破译的。"曾希圣听后眼前一亮，他向上级请示，成立了电文破译小组。

破译小组成立后，曾希圣和曹祥仁、邹毕兆等开始了针对国民党电台的破译工作。他让收发员把来自不同方向的电报分别一一编号归类，最后搜集了整整两大箱加密过的电文，曾希圣他们几人就钻进房里没日没夜地研究起来。加密过的电文并无明显规律可循，一开始什么也看不懂，破译工作进展十分缓慢。

1932 年 8 月，红军击败国民党在江西宜黄县的部队，曾希圣带人在敌师部的电台机房中搜查到一批遗留下来的加密电文，通过它大大提高了破译的效率。

曾希圣和曹祥仁等人带回这批电文后仔细研究，最终找到一份已经翻译出三十多个字的电文，他们把这三十多个字作为线索，通过它们之间的规律、连贯的字词猜测大概意思，多次反复推敲后，最后硬是将这封"天书"般的加密电文猜译出来，由此打开了破译国民党密电的一个缺口。

经过一段时间的反复钻研，曾希圣同几位同志将国民党军的"展密"（一种密码代号）密码本贯通，敌军的情报源源不断地被送到红军指挥部。随着破译小组的作用日益凸显，中央军委决定成立军委二局，由曾希圣担任局长。曾希圣和另两个同志组成破译小组，专门负责破译敌人的电台密码。

到 1933 年 7 月，二局已成功破译敌军密码一百多本，为红军第四次反"围剿"斗争的胜利作出了重要贡献。第四次反"围剿"胜利后，在红军建军 6 周年的纪念日上，曾希圣被授予二等红星勋章。

长征赶路，常常从马上摔下来

电报内容屡次被破令蒋介石提高了警惕，国民党电台的密码每隔一段时间都会变换，军委二局的破译人员需要不断地破解新密码。曾希圣把二局的工作职能进一步细化，他带领一部分人专门搞破译工作，另一部分人专门负责接收敌军来自四面八方的电文，并让局里的每一部电台负责对应敌军的一个师或两个师，提高了破译敌方密码的效率。

由于经常通宵达旦地破译电文，曾希圣和军委二局的同志在行军中常常因过度疲劳被绊倒，或从马上摔下来，但他们克服了许多困难，破译了大量有价值的密电。

为了不间断地获悉国民党部队的动向，曾希圣把人员分成两支队伍，一支随着大部队先走，另一支留在原地截收敌军电报。到了约定的时间后，行在前方的队伍停下来架设电台开始搜集电报，此时后一批人才停止工作赶上来。长征路上这两支队伍就这样一边随大队行进，一边负责破译工作。

假冒蒋介石密电，为红军顺利渡乌江争取了时间

1935 年红军指挥部根据军委二局破获的情报，采取了避实击虚的灵活战术，

曾希圣与女儿

指挥红军部队在国民党四十万人的围堵缝隙中穿插移动，在四渡赤水中争取了主动，走出了危局。

1935 年 3 月，红军主力第四次渡过赤水河，南下抵达金沙县安底附近，准备南渡乌江。这时曾希圣和报务员从蒋介石调动军队的电文了解到，国民党的周浑元、吴奇伟两个纵队六个师部队正由安底西北一带往东南方向逼近红军主力，一天后很可能会与红军主力遭遇，同时在乌江南岸二十余公里处，还有国民党军三个师的部队。红军主力要保证安全渡江至少要三天时间，双方部队若交锋，必然会是一场恶战。

当晚红军指挥部灯火通明，领导人员开了很长的会议研究对策。曾希圣在会议上提议，二局的破译人员对蒋介石电文的语言规律、用词都比较熟悉，能不能利用掌握的国民党军的口令和电文格式，假冒蒋介石密电，命令这两支部队改变行进路线，令他们晚些抵达安底一带，争取时间让红军渡过乌江。

这一提议得到上级的赞同，大家认为，只要电报内容不太过直白，国民党军应该不会察觉。根据指示，曾希圣让军委二局报务员以蒋介石的语气，向这两支部队发出了“继续前进”电令。假电报发出后，一直朝着东、南两个方向前行的国民党周浑元、吴奇伟部接获密电后深信不疑，部队果然没有改变方向，“奉命”继续向泮水、新场、三重堰方向前进，使得国民党部队的包围圈扩大，与红军保持着一定距离。

三天后，红军顺利渡过乌江，长驱南下甩掉了国民党二十多万的堵截大军，避免了一场血战。后来这起假电报的事一直没有人提起，国民党内部可能也没有察觉。

在艰苦的长征路上，曾希圣和曹祥仁等同志共破译国民党军各类口令八百六十多种，红军领导人曾评价曾希圣领导的军委二局：“没有二局，红军长征是不可想象的，有了二局，我们就像打着灯笼走夜路一样。”

渡江第一船

文/李　治

渡江第一船登陆点

铁板洲孤立于大江北岸，呈葫芦状，面积约二十五万平方米，洲上长满了人把高的芦苇，长江伸出的人字形的夹江在它四周环绕。这里便于隐蔽，便于观察，便于船只活动，便于出击，是大规模船队演练的天然屏障，是强渡长江理想的“码头”。

进入铁板洲之前，我们经过学习和动员，干部战士情绪高涨，纷纷上书要求担任突击，争任务，表决心。但是，由于北方籍干部战士占全连人数的百分之八十，大部分是“旱鸭子”，且缺乏江河作战的经验，因此有些同志对渡江作战有思想顾虑。

有的说：“长江无风三尺浪，搞不好就翻船，还没和敌人打就得淹死了。”还有的绘声绘色道：“江南蚊子大，几个蚊子就能炒一盘菜，江南虫多，满地乱爬；江南天气热，能热死人，烙饼往墙上一贴就熟了。”

也有的同志缺乏必胜的信心，说：“我们不怕攻山头、端炮楼，打硬仗恶仗全不在乎，可如今在水上作战，怕只有被动挨打了……”

当时，国民党也在叫嚣“当年曹孟德百万雄师下江南，战船密布，亦被滚滚的长江所吞没，几条破帆船，岂能渡过长江”“长江天险，共军绝难飞渡”。

傍晚，冷清清的明月挂在天空，江南泛起一片薄雾，远望群山，隐约辨出灰色的山影，江风任意扫着满洲的芦苇，发出沙沙的响声，远处不时传来一两只水鸭的扑翅声，月夜的江面显得寂静和冷清。为了解除顾虑，使干部战士不背思想包袱，轻装上船，我们组织全连学习元旦献词，揭露蒋介石假谈判的阴谋，决心“将革命进行到底”。我们还向大家介绍江南人民群众的苦难，物价暴涨，人心惶惶，日夜盼望大军过江，求得解放。当时流传着两首民谣：“提起国民党，两眼泪汪汪。兵过地皮光，年年吃稻糠”“江防江防，百姓遭殃。加租加税，四处逃荒”。

革命战士和人民群众心连心，人民坚强的意志才是真正不可逾越的天险，任何军事封锁，都阻挡不了人民革命的洪流。战士们懂得了这个道理，就是无穷且巨大的力量，没有突不破的“天险”。四班战士马福胜说：“船打坏了，抱着甲板也要渡过长江。”

“人受伤了，最后一口唾沫也要吐在南岸江堤上。”副班长雷志洲接着说。一班班长于金业捋着胳膊，用手拍着胸膛说：“我们都是属龙属虎的，没有一个是属鼠的，连长指到哪里我们就冲到哪里。”

“对！留着一条命，就和蒋匪拼，打过长江去，解放全中国！”我端详着全连每个同志的脸膛，觉得比什么都亲切。岳指导员接着说：“是啊。不管蒋介石借天险壮胆也罢，借美国飞机大炮壮胆也罢，都阻止不了人民解放军跨越长江，解放全中国。曹操的失败决不会在我们身上重演。”

要过江，就得有船，筹备战船，成了当务之急。团成立了筹船小分队，到远处联系船只，连队则在附近访村落、走港汊，寻找船只。江北人民听说解放军要打过长江去，解放全中国，个个欢欣鼓舞，纷纷把藏起来没被国民党抢走的船只拿出来，把坏的船修好，从屋梁上取下桨板。铁板洲群众听说船桨不够，把自己的门板卸下来送给部队，他们有船出船，无船出人，船工踊跃报名参战，有男有女，有老有少。有的全家为部队渡江扬帆掌舵；有的带上粮食，划船远离家乡，积极参加船队。

一天下午，一条木船向八连划来，掌舵的是一个五十多岁的老头，穿一身蓝色破旧裤褂，站在船尾上，手扶着舵，浑身干瘦得像老了的鱼鹰，可是那晒得黝黑的脸，那一对深陷的眼睛却特别精神。摇橹的小男孩，十五六岁，个子不高，一张长脸，乌黑的眼睛，透露出伶俐和聪明；他赤脚光腿，面对前方，用力地摇船。这一老一少是父子俩，年纪大的是船老大田大叔，小孩是他的儿子叫小龙。船到了八连，老头积极要求参加船队。原来，去年的一天，田大叔和小龙划船出去打鱼，家里只有小龙的妈妈和姐姐。突然，铁板洲国民党军队的一个连长带着一伙人来抢东西，并对小龙姐姐不怀好意。在争夺中，小龙的妈妈被国民党连长一枪打死，小龙姐姐见妈妈倒在血泊中，拿起木棍反抗，也被匪军打死，凶徒还一把火烧了两间草房。

等田大叔和小龙打鱼回来，目睹惨景，悲痛欲绝，父子俩便离乡背井，摇着船，漂流四方。当田大叔得知家乡解放，大军要过江活捉蒋介石的消息，便日夜不停地划船回家乡，找亲人解放军。

命令

毛泽东

朱德

“打过长江去，解放全中国”，这是毛泽东主席和朱德总司令在辽沈、淮海、平津战役后亲自签发的命令

父子俩诚恳地说：“我要跟你们过长江打蒋介石，我在长江里活了几十年，什么风浪都能闯，什么险滩都能过，你指向哪里，我把船划到哪里，你打到哪里，我跟你到哪里。”

小龙用手拉拉我的衣襟，昂着脸蛋央求道：“我要跟爸爸一条船，送大军过江。”

望着父子俩，我心潮澎湃。

船和船工的问题解决了，八连共九条船，十八名船工。田大叔被指定担任船工班班长。十八名船工被分到班排，与战士同吃、同住、同学习、同训练。他们向战士介绍长江的情况，给战士讲水性，教战士学游泳、划船。田大叔更是忙得不可开交，他还召集船工们制定立功计划，保证配合部队完成渡江任务。

我们八连有九艘船，而整个十二军共有从内河、湖泊中搜集、打捞和修补的大小船只二百三四多艘，动员了船工四百七十多名。

有了船，还要具备船上作战本领，训练自然不可少。我们很快掀起了练兵热潮，驻地附近的河湖港汊都成了训练、演习的场所。连队广泛开展军事民主，发动大家献计献策，鼓励各班排“八仙过海，各显其能”。

八连一百多人，百分之八十都不会游泳，这是训练必须首先解决的问题。教员就是船工和会水的干部战士，全连编成组，结成对，开展互助。我也是个“旱鸭子”，就拜田老大为师，虚心求教，起初抱着木头游，渐渐也能游几十米、几百米，后来也能背着东西游。有一天，我高烧三十九度，仍坚持练习。我苦学苦练的精神感动了大家，全连很快消灭了“秤砣”，不仅人人学会了游泳，还掌握了一些救生技术，用毛竹做成三角形、井字形和用稻草扎成的水葫芦式救生器材，人手一件。

再就是练划船。划船很有学问，若不得要领，船光打转，不前进。我们先进行单人练习，提高个人技巧和熟练程度，最后进行集体练习，达到动作一致。

水上射击是硬功夫，也是个课题，要在船身起伏颠簸的情况下掌握射击技术要领，根据各种武器的性能特点和作用，将轻重机枪放在船头，六〇炮放在船中间，并用草袋子装上土，垫在轻、重机枪下和炮的坐盘下面，这样射击时比较平稳，在船头堆上既能保护船头又能隐蔽身体的工事。

最后综合演练，连成后三角队形，火器靠前配备，每船编有划船组、观察员、信号员和抢救、自救组进行演练。一切都准备好了。但是，争当渡江突击队也是不容易的事。

还在挺进江北的行军途中，我们就认真进行思想动员，加强群众纪律教育，开展思想、体力互助。四班一名战士发高烧，副指导员背了他七里多路；二班一名战士背上生了疮，我和他一起走，帮他背枪、背包、背粮袋，晚上休息时，还端来热盐水帮他挤脓擦疮。连队心齐劲足，战斗情绪高昂，在千里挺进中无一人逃亡掉队。部队到达铁板洲后，经过团里评比，八连争取到了担任渡江突击队任务。

突击队的任务争到手了，可连队干部谁带领突击排，又引起了一场风波。

我说："我是连长，突击排应由我带。"

副连长周家旺说："你在连长的指挥位置上，带突击排的任务理所当然应该是我。"

我又说："关键时刻连长应该身先士卒，冲在最前面，突击排由我带。"

最后决定，我在突击排一排船上，指挥全连，田老大和小龙也在这条船上，副连长带二排，指导员带三排，副指导员在后。

对于渡江作战的每位指战员来说，1949年4月21日是个难忘的日子。

1949年4月20日，国民党政府拒绝在和平协定上签字，最终撕下了假和平的面具。毛主席、朱总司令发布了"奋勇前进，坚决、彻底、干净、全部地消灭一切反动派，解放全中国"的命令。

4月21日16时，担任团突击队的八连全体健儿们，精神抖擞，士气高昂，鱼贯登船，我最后一次检查了渡江作战的一切准备工作，大家唱起了《打过长江去》的军歌。八连突击队每人除左胸前佩戴的"中国人民解放军"的胸章外，在右胸前还缝有写着"渡江突击队"五个醒目黑字的巴掌大小的一块白布。文工团敲锣打鼓，为每位队员戴上一朵大红花，突击队员感到无上的光荣和骄傲。

17时30分，八连突击队奉命出发，全连九条战船纵向一线摆开，战士们整齐地划着桨，缓缓地驶进长江口。在江口处，设有"出征检阅台"，突击队接受了兵团和军首长的检阅。我和岳指导员站在船头，昂首挺胸，向首长、战友敬礼。这时，船停了下来，全连振臂宣誓："我们是光荣的人民解放军，誓在党的领导下，将革命进行到底，打过长江去，解放全中国。我们要万众一心，战胜敌人，争取最后胜利，为建立新中国不惜一切牺牲。"一面写着"渡江第一船"的大幅粉红锦旗插在江边，迎风招展，首长们指着大旗，激动地大声说："谁第一个冲到江南岸，这光荣就属于谁！"场面震撼长江，使人感动得落泪。这时，江面像是一张透明的玻璃纸，光泽而又绷得那样紧，似乎具有弹性，可以把小船弹起并在空中飞快地前进。船后是缭乱的水花、巨大的回澜和一串串珍珠项圈似的泡漩。

17时59分，发出强渡信号，中国革命史册上的光荣时刻终于来到。隐蔽着的大小船只，霎时像水上森林长满帆

渡江战役战前动员

渡江准备

江岸炮兵掩护步兵渡江

人民群众帮助大军过江

渡江战役

叶，篷帆满鼓的战船，看不到边，望不到头，一直延伸到江天相连的地方。突击队的战船像离弦的箭，冲破浪涛，穿过水柱，追风……潮水般地压向江南，此时，我军炮兵转入烟幕射击。

此刻，北岸又是一番动人景象，无数架望远镜注视着突击队的行动，期盼着靠岸信号的到来。指挥员们一面观察着飞渡的战船，一面拨动着战役胜利的每根琴弦，在江边，在坝堤，在山顶，人人振臂高呼："打过长江去，将革命进行到底！""打过长江去，解放全中国！"

"观战"的人民群众激动万分，奔走相告，眼看那渡江的战船和蔽天的帆篷，载着他们的愤怒和希望逼近对岸。密集的烟柱，遮住了江岸和田野，遮住了村落和山岭，紧连着地和天。突击船一直划在最前面，突击队的勇士们，冒着敌人的炮火，在船上挺身而战，以摧枯拉朽之势打击敌人。

八连突击队趁着烟幕，冒着敌人的炮火拼命向前冲。我站在一班乘坐的船头，与四班的船并肩行驶。这两只船比其他的船都快，歌声也更雄壮。敌人集中了机枪和战防炮向我们射击，长江沸腾了，炮弹在船周围爆炸，掀起两丈多高的水柱。船到江心，四班的船被炮弹炸坏，二排长杨树贤、几名战士和船工英勇牺牲，还有几名战士受了重伤，船被打得三处漏水，眼看就有船沉人亡的危险。说时迟，那时快，只见战士马福胜和另一名战士迅速为受伤的战友包扎好伤口，又急堵漏洞，接着跳进江中，奋力推船前进，很快又赶上我坐的那条船。突然，一串子弹打来，马福胜头部和左臂受伤，顿时，鲜血流满脸上，眼前一片昏花，他忍住剧痛，用江水洗了洗眼睛，注视着登陆的目标，又用力推船前进，船一靠岸，他就趔趔趄趄地向岸上冲击，可没前进几步，就倒下了。他倒下了，再也没有站起来。马福胜同志为了革命事业，为了解放江南，献出了年轻而宝贵的生命，实现了自己的诺言。

船越接近江心，敌人的火力越猛烈。我站在突击船上，掌握着冲击方向，指挥全连各船前进。我那只船，从排长巩举山到战士、船工，都在有节奏的"加油"声中，用力向对岸冲去。长期战争生活的锻炼，使我能在震耳欲聋的枪炮声中，镇静自如地指挥。当我方炮火急袭时，我对田老大说，"这是我们的炮"；当敌人的炮火还击时，我要田老大加快行船速度，告诉田老大越接近敌人，越能避开敌炮袭击，越快越能减少伤亡。接近敌人阵地时，我又叫田老大避开敌人重机枪的正面火力，从侧面冲过去。我们和船老大密切配合，指挥船穿过火网，冲过水柱，轻捷地飞向对岸。虽然田老大未经历过战斗，但是"打过长江去，解放全中国"的心愿，使他忘记了机枪子弹的袭击，顾不了炮弹在船舷旁激起的几丈高的水柱，只是一个劲地向前！向前！他左手按篷脚绳，二十四道篷索的分量集中在他的掌心里，右手紧握舵把，两眼盯着冲击目标，深水急流任他调遣，风和浪在他双手灵巧地掌握下变成了飞舟破浪前进的力量。船头摇橹的小龙，真不愧是小英雄，机智勇敢。我让几个战士保护小龙，脱下棉袄蒙在他头上。出发前，看他年纪小，不让他上船，这叫他如何肯依，他一股劲地缠着我不放，硬是要为大军过江尽一份力，说什么也要送解放军打过长江，死也不怕。是啊！旧社会的仇恨，新社会的欢乐像两极电流，在他幼小的心灵里触发，产生了巨大的力量和炽热的闪光，他怎么能在生命危险的时刻后退呢？

我问他："打仗，你不怕吗？"

"不怕！不信到水里试试看。"瞧，这当儿他正和父亲一前一后的打号子。

"没风。"

"摇橹。"

"有风。"

"扯篷。"

"浪大。"

"迎着浪山上。"

"风狂。"

"顺着风势引。"

船至江心，突然一梭子弹打来，船侧被敌人机枪打了两个洞，江水像喷泉一样向船里涌进来，只见战士周清龙急忙拿起木塞，侧着身子用肩膀狠狠一顶，漏洞被堵住了。

战船穿过江心后，枪炮声更加密集，船帆被敌人的机枪打烂了，桅杆也被打断了。三名战士受重伤了怎么办？情况十分危急，突击队重任在肩，决不能落后。我坚定地站在断了的桅杆前，大声喊道："同志们，没有帆篷，我们用双手划，也要争当第一船！"话音刚落，班长于金业站起来，呼起了号子。全船在于金业的指挥下，用铁锹划水，互相鼓舞着，同声吼着一个强有力的节奏："前进！前进！"只有前进，才是胜利。副班长雷志洲腹部已中三弹，可是一声不吭，仍然坚持划水，咬着牙跟大家一起前进。信号员全神贯注做好准备。船刚靠岸，三颗土制的起花"信号弹"立即升上天空，向首长报告了八连突击队强渡长江的胜利。

渡江部队集结江边

船一靠岸，我把棉衣一甩，高声喊道："同志们，冲啊！"战士们一跃而起，跳上岸滩，像猛虎一样扑向敌人。这时，敌滩头阵地已是烈火熊熊。八连冲过烈火和敌人的江防工事，按计划一鼓作气夺取了四座山头，巩固了滩头阵地，为二梯队过江创造了有利条件。

这时，天色已黑，下起雨来。

八连胜利地完成了渡江突击队任务。

八连所在的十六团也胜利地完成了渡江任务。

八连所在的三十六师同样也胜利地完成了渡江任务。

整个十二军将士在4月22日5时前，全部渡过长江。

十二军军长兼政委王近山率军指挥部抵达长江南岸。站在长江南岸的王近山接到命令："主力沿石台、太平向徽州攻击前进，首先套住徽州守敌，尔后视情况歼灭之。"

王近山一笑，手一挥，下令："千里追击！"

（本文选自《利剑出鞘——中国人民解放军第十二军征战纪实》，有删节）

战斗在雷琼海峡地下交通线上的英雄们

文/唐 南 黄隆伟

一

1939年2月，琼州海峡乌云密布，波涛汹涌，日本帝国主义侵占了海南岛。接着开展了“Y2、Y3作战”，进行全岛大规模的“讨伐”。在琼州海峡增派舰艇，日夜游弋；飞机天天侦察轰炸，实行海空封锁，使我琼崖抗日军民处于极其困难的境地。为了突破日军的层层封锁，沟通孤岛同内地、香港及海外的联系，迎接中央和各地大批青年、领导干部和转运大量军用物资的到来，要在雷州半岛和海南岛之间建立一条畅通无阻的秘密地下交通线，确保上述任务的完成。1939年4月，中共琼崖特委和独立总队命令临高县委王乃策、符英华和三区委书记王锡珠在昌拱港组建“琼州海峡航运站”，由王锡珠任站长，负责到徐闻、西营采购和转运军用物资。6月初，王锡珠会同原在徐闻进行革命活动的吴必兴到西营广吉祥号地下站联系，负责转运一批从香港运来的武器弹药等军用物资到海南。因徐闻东部海面日舰经常巡逻封锁，不能从海上直运。王锡珠便利用过去与徐闻西区打银村梁步孔父子常到临高做生意早有交情的关系，认为梁家忠实可靠，就在梁家设立地下站，由梁步孔当站长，接洽来往人员和转运“货物”往海南。

1939年夏，琼崖特委和独立总队派军需主任谢李森和张刚到西营（现湛江霞山），建立驻广州湾后方办事处（设有黄继虎住宅、而信行、裕泰行、裕昌布庄、广吉祥号、珊瑚咖啡店等联络点），分别任办事处正副主任。并派来交通员符儒光负责广州湾—香港—马来西亚线；张瑞民、陈香钊、符铁民负责广州湾—香港线；陈大贵、郑青华、尤太英、陈集利、翁圣渭负责广州湾—琼崖线，加强迎来送往转运偷渡工作。并在硇州岛设立前哨站，由曾鲁负责。为了取得当地组织和群众支持，确保安全，不久后方办事处根据八路军驻香港办事处主任廖承志的指示，通过吴必兴、李恩林同广州湾党支部林熙保、陈以大取得联系，经省委特派员林琳同意，选择距市区较近、群众基础好、政治可靠的莱塘交通站作为办事处交通站（下设天和堂、德昌银号、新村、调罗、陈铁、祝美等联络点）与南路特委双重使用，由林其材、张刚负责开展工作。8月，篆塘交通站就开始转运一部由符儒光押送从香港运来的十五瓦手摇机电台和一批“货物”，经硇州岛直运至琼山县演丰乡登岸送达琼崖特委驻地。

电影《椰林曲》中，共产党人用电台发送情报的剧照

可是这条海上运输航线很长，日军又在琼北海岸派舰艇加强封锁，很难通过。对此，1939年冬谢李森、张刚和吴必兴到徐闻东南沿海视察，就以吴必兴30年代从事教学活动时群众基础甚好的龙塘、锦山一带，以开茶店作掩护建起了良友茶店地下联络站。初期，茶店宣布吴必兴为董事，苏君育为店主（站长），不久吴必兴邀请镇长黄铁才来结账，宣布退股返回西营，来往负责全线偷运工作。接着琼崖派共产党员蔡煌和李有忠分别到良友茶店和打银站，主持接洽来往人员。还在沿海的锦山、朋寮、大塘、姜园、前山等村庄设立交通站，分别由林成福与苏臣梅、陈义昌、唐廷经、黄丕昌、吴淑政负责。从此，这条从广州湾（篆塘）—硇州—龙塘—打银—临高昌拱的雷琼海峡交通线，和广州湾至文昌的翁田、东郊、琼山的演丰站线周密地联结起来，频繁地运转。

当时党的活动经费很少，因此大多数的交通联络站都是我们紧紧依靠群众，同心协力，解决活动经费不足而建立起来的。如临高昌拱航运站为了组建船队，王锡珠和村中党员王命珍、王必成等人自筹一千一百元大洋，购置帆船三艘，另组织商渔船六艘，对外搞生意，对内轮流接送武器弹药等军用品。良友茶店联络站是吴必兴卖掉家庭农场两头牛、苏君育出卖祖田七分地共得二百多元大洋，加上党的经费共计四百多元，购置铺面地一亩，建起铺面三间、左右厢房三间和厨房一间。良友茶店开张那天，邀请镇长及当地绅士做客，共产党员陈大贵扮成客商从海南过来庆贺。茶店墙壁上写上五色纸条的价目，来客吃住一天三毫银，实际上来往的我党地下人员均免费招待，所花费用是靠生意赚钱补贴的。由于茶店收费不高，各阶层顾客甚多，热闹异常。苏君育和苏君瑞兄弟俩，则借口到迈陈、县城、西营买面粉、咖啡等原料，进行联系活动，谁也看不出他们的“庐山面目”。

二

1940年4月，良友茶店开张不久，吴必兴和陈玉清从广州湾接送南洋华侨

良友茶店

抗日回乡服务团总团长符克等人和一批货物，从锦和镇东门下港登岸。当时有人担心，这么多人员和货物，经过徐闻县城必遭国民党军警盘查，不易通过，且风险极大。符克认为，现在国共两党已携手合作，不会有麻烦，主张走公路直往县城。这样吴必兴吩咐苏君育在当地雇牛车二十多辆，装上医药、医疗器械、衣服、货币等一大批物资向县城进发。符、吴两人堂堂正正地走进国民党县府，拜谒陈桐县长。符克先自我介绍说，他是来抗日救国的南洋华侨，运回华侨献捐的一批救济物资，要运过海救济琼崖难民，现在路过贵县请派兵护送一程。陈桐见到这个不速之客，一时不知所措，面有难色地说："本县社会治安一向好，不会有问题，不必多此一举。"符克看其态度暧昧，婉转地说："现在蒋委员长号召，全国总动员抗战，有钱出钱，有力出力。我们在南洋都积极响应，万里迢迢地回国抗日，你县长也是主张抗日救国的，我们不求县长派车运载，只请派兵护送一程，总不是太难吧！"说完，符克便掏出归国护照和南洋华侨救济会证件交与县长详看，吴必兴也把"徐闻县国防情报员身份证"拿出来，县长当即摇手说："好啦，不必看啦！都是抗日志士。此事马上就办。"他当即挥笔写了一封信，命县中队长带兵护送，并嘱咐信一定要交与迈陈镇保长。于是，县中队长就率十多名士兵荷枪沿途护送到迈陈，并叫镇保长出来交代说："这是南洋救济会的'货物'，运回琼崖救济难民，支援抗日的。要绝对保证安全，不得有任何损失。"镇保长自然弯腰点头称："是，是，照办，照办！"

三

廖承志主任根据中央书记处对粤委的"琼崖至少要有三部电台，以一台与中央联络"的电文指示，除了前次已购一部从西营直运抵琼崖特委外，1940年夏又先后购买两部运到西营后方办事处。这条交通线上的交通员们又要进行周密而艰苦的护送工作。

其中一部电台是海南交通员赴港接收，搭英轮运至广州湾西营码头上岸的。这是一部火力发电二百瓦无线电台，加上发电机重二三百公斤，装成若干箱。当时法国海关官员前来检验发现可疑即扣下来，前来接货的谢李森，一时不知所措，不敢认领。吴必兴急中生智，挺身而出说："这是耕地新式机器，买来办农场的。"检验官依然不让放行。吴必兴立即赶回九八行找熟人借钱，恰好他的学生黄世泳（龙塘槟榔园人）运糖来西营卖，便向他借一百元大洋。随后，吴必兴迅速赶至码头，对检验官恳求说："先生当差，辛苦了，这些钱就拿去饮茶，请高抬贵手。"检验官接过白花花的光洋，笑逐颜开地准予放行。吴必兴迅速把电台运至篆塘站藏起来。那时刚好徐闻大塘村唐国珍货船要开返徐闻，张刚、林其材亲自布置搬运上船，由吴必兴与海南交通员押至海仔港上岸。他俩把发动机大件零件藏在大塘村唐家朝家里，而把大皮箱装的电台零件带回锦山村隐藏。不几天，该村林厚星、黄崇美、苏周材等人拉牛车装这部电台及“货物”运至打银站梁步孔家。约一星期，临高昌拱港运输船过来，就直接运抵彼岸，由短枪队送至美合独立队总部。

另一部是十五瓦的手摇机电台，由交通员张瑞民押运至西营，转运至篆塘交通站。当时法租界有蓝带兵和警察严密巡逻检查，林裕、林魁两人通过内线关系掩护，将此电台安全运到硇州曾鲁处。当时从延安来的长征干部李振亚和王超、黄丽蓉等人已到西营等候。这样，便由张瑞民、郑菁华护送到良友茶店，店里安排来人全住茶店，电台及货物运到锦山村苏平夷家里。李振亚一派军人风度，操南方官话，平易近人，他夜间给店员们讲抗战形势，长征故事，大家听得津津有味。他们住了四天，离别时依依不舍地对苏君育等人说：“你们工作有功劳。我们匆匆来去，未得痛饮。将来抗日战争结束，革命胜利，才宰猪、杀羊与你们开怀畅饮。”他们走到锦山村，夜间就跟随运电台货物的牛车队到了朋寮村，搭木帆船沿近海岸直驶至迈陈西海边上岸到达打银站。不久，对岸交通船过来，他们就携带电台及这批“货物”偷渡过海。顺利抵达昌拱港登陆之后，由地下站人员护送到美合抗日根据地。

这两部电台运抵琼崖特委和独立总队部后，一部用以与党中央直接联络，一部用来收发新闻，及时地接收中央的指示，有力地动员全琼抗战，打击日本侵略者。

（本文选自海南史志网，有删节）

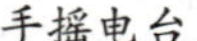
手摇电台

谁主沉浮

——记陈赓大将神头岭伏击战

文/小　报

陈　赓

1938年3月上旬，第一二九师奉八路军总部命令，由正太铁路附近进至晋东南的襄垣地区，侧击由邯郸经东阳关向潞城、长治进犯的日军第一〇八师团，并破坏东阳关至长治的公路。黎城是日军在邯郸至长治公路线上的重要兵站基地，潞城有日军重兵据守。两城之间为丘陵，并有浊漳河相隔。第一二九师师长刘伯承、政治委员邓小平决心利用这一有利地形，袭击黎城，调动潞城日军出援而于途中伏击歼灭之。刘伯承将其称之为“吸打敌援”的战术：袭击是手段，伏击才是目的。

经过现地勘察，一二九师刘伯承师长确定了兵力部署：以第三八五旅七六九团袭击黎城，并阻击涉县出援的日军；以第三八六旅在潞河村与微子镇之间的神头村以西山岭设伏，歼灭潞城出援的日军。据此，第三八六旅旅长陈赓率部于3月16日拂晓前沿神头岭上公路三面设伏。在设伏的地点选择上，当时还差一点搞错了。原来，在八路军使用阎锡山提供的地图上，设伏地点有一条深沟，公路正从沟底通过，两旁山势陡险，部队既便于隐蔽，又便于出击，是个理想的伏击战场。

可是一贯做事必亲历亲为的陈赓，在最后结束会议前，问大家："谁去过现场？"可是没人应答。于是，大家跟着旅长，骑马赶到了神头岭。到了那里一看，指挥员们不禁大吃一惊：实际地形和地图完全是两回事！公路不是在山沟里，而是铺在一条几公里长的光秃秃的山梁上；路两边，地势虽比公路略高，但没有任何隐蔽物，只在紧贴着路边有一些过去国民党部队修的工事；山梁的北侧，是一条大山沟。显然，这样的地形是不适合打伏击的，因为部队既不好隐蔽，也难于展开；北面又是深沟，预备队运动不便，搞不好，还可能使自己陷于困境。

看完地形后，陈赓提着手杖走近地图，定下了一个极其大胆的伏击计划，即把伏兵就放在日本人的眼皮底下。阻击阵地离公路最远的不过一百来米，最近的只有二十来米。这样一来，部队开始阻击时就有了最佳的空间。但又是很冒险的，因为一不小心就可能满盘皆输。

3月16日4时，第三八五旅七六九团一营袭入黎城城内与日军展开激战，歼其百余人，于拂晓前即主动撤出城外，向西北乔家庄转移。同时，第七六九团主力在东黄须、西黄须击退由涉县驰援

陈　赓

的日军；第三八六旅七七一团特务连烧毁赵店镇公路大木桥，切断了黎城、潞城之间的交通。黎城受袭，潞城日军即以第十六师团辎重部队林清队和第一〇八师团辎重部队笹尾队，以及自卫队、骑兵共一千五百余人向黎城增援。8时30分，其先头分队汽车两辆、骑兵二十余人通过神头岭，因赵店镇公路桥已毁，被阻于浊漳河边。9时，其本队进至神头岭地区，敌军虽进行了侦察，却未发现隐蔽于公路两侧沟渠草丛中的设伏部队。

9时30分，当日军全部进入伏击地域时，埋伏于神头岭北侧的第七七一团从正面出击；埋伏于公路西侧的第三八六旅七七二团和东侧的补充团实施夹击，将日军截成数段，展开白刃格斗。日军遭到突然袭击，顿时陷于混乱，且由于狭窄地形限制，兵力兵器难以展开，死伤惨重，队长笹尾中尉被当场击毙。日军残部逃至神头村内，凭借房屋、

我军阻击阵地

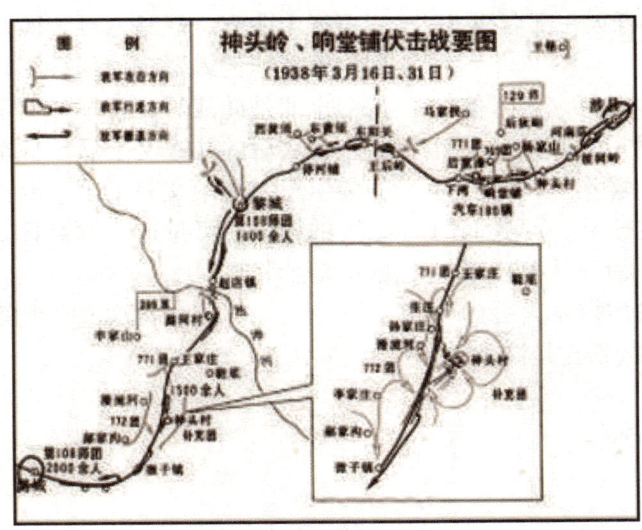

神头岭、响堂铺伏击战要图

神头岭纪念碑

窑洞负隅顽抗。第三八六旅立即组织强攻。战至 11 时 30 分，日军除百余人逃回潞城外，其余全部被歼。浊漳河南岸的日军亦被第三八六旅七七一团特务连歼灭。由黎城出援的日军，被阻于浊漳河北岸。由潞城两次出援的日军数百人，被第三八六旅七七二团歼灭一部后撤逃。至 16 时战斗结束。

据当年参战的老兵介绍，当时他们的位置极佳，因此在阻击战开始后，日军被压制在阵地外围的壕沟里，他们打枪时基本打不到我们的士兵，而我们的战士则可以轻松地把手榴弹从上往下投掷，根本不用起身，只需拉着火丢到沟下面就好了，因此日军的伤亡是惨重的。当三八六旅的士兵们丢够了手榴弹开始冲锋时，沟里的日军已经没有多少可以站起来的了。

据战后统计，八路军第一二九师以伤亡二百四十余人的代价，毙伤日军一千五百余人，俘获八人，缴获长短枪五百五十余支、骡马六百余匹及大批军用物资，给侵入晋东南的日军以有力打击。也即是此战后，日军盯上了三八六旅，在之后的几次交手后，日军在自己的装甲车上用中文写下了“专打三八六旅”的标语。可见这一战对日军造成的威慑是巨大的。

（本文选自中国潞城网）

威震江南的花山游击队

文 / 王庆云

组 建

马田是革命老区，早在1934年党和红军就曾在此活动过，群众觉悟很高。1944年春，沿江地委书记黄先同志派齐平、严文等同志到彭东至工委工作。齐平、严文从敌占区马窝子渡江经大渡口至香隅，与孙纪正、徐福初取得联系。不久，齐平和沿江支队副队长傅少甫率手枪连来到马田。严文留在香隅，9月到马田。手枪连在马田一带公开活动几天就回去了。临行前，傅少甫队长找来当地乡保长，请了一桌饭，向他们做抗日救国的宣传工作，讲明我党抗日统一战线政策，向他们表示："只要爱国抗日，就不侵犯他们的利益，鼓励他们'白皮红心'，为我服务。"同时告诫他们要保护革命力量，严守秘密，保证齐平等同志的安全。

手枪连走后，齐平等人就凭着两支驳壳枪、一支小手枪，就地坚持下来，很快发展成为一百多人的花山游击大队。游击队的第一仗是攻打清溪乡政府，缴获二十多支枪。接着泅渡过江，摸进驻守望江的日军据点，夺得三十多支步枪。游击大队从此力量迅速壮大起来，下设马田、葛公、高岭和长安铺四个游击支队。时隔不久，沿江支队又调来一个连的新四军，驻扎在华丰村，配合花山游击大队，迂回在葛公、高山、马田、张溪、历山、低岭等地，打击敌人，建立革命根据地。随着形势的发展和工作需要，奉上级指示，1945年1月，花山游击大队改为新四军沿江支队第五连，连长操庆水、副连长孔德华，主要任务是担负马田一带的军事工作，抗击日军侵略，开辟要道，打通五、七师部队的交通线。

战 斗

新四军第五连成立后，在齐平、操庆水同志领导下，遵照党的方针、政策，团结进步力量，争取中间力量，孤立顽固派，打击疯狂的日本侵略者。

1944年12月，历山据点的日本兵下山，进入马田抢劫。我军得知情报后，马上派一个排的新四军，埋伏在雁塔前山。天黑时，十几个日本兵押着五十多名挑夫挑着抢来的物资，大摇大摆地从马田村朝我军伏击圈走来。当民夫全部走出我军火力网后，指挥员一声枪响，将民夫与日军隔成两段，顿时，我军前后夹击，枪声大作，连冲带喊，扑向敌群。敌军被打得抱头鼠窜，来不及抵抗，丢下枪支，只顾逃命。前后不到十几分钟，就结束战斗，缴获几支"三八大盖"（三八式6.5毫米步枪），夺回了被日军抢劫的耕牛、生猪、香油、粮食、衣物，全部归还给了当地群众。

1944年4月，一帮当地土匪，勾结

日军将上燕窝农民王国良家的东西全部抢走，并杀害其全家老小，在大庄村一次烧毁民房十二间，闹得村民无家可归，流落外村，不少青年妇女被糟蹋致死。情况报告到花山游击大队，齐平同志立即向沿江支队黄先书记作了报告。黄先书记于清明节，亲自带领沿江支队新四军五百多人，和齐平领导的花山游击大队联合攻打上燕窝敌人据点。激战一夜，由于游击队缺乏战斗经验，未能端掉敌人据点，且自己伤亡较重，为了保存力量，避免打消耗战，只好主动撤出战斗。失败的教训带来了胜利的果实。第四天，我军重新组织力量一举拿下了上燕窝，赶跑了据点守敌，摧毁了围墙。

1945 年 5 月，新四军和花山游击队又打了一场“引虎进圈”的战斗。孔副连长带领部队五十多人，摸掉日军岗棚哨兵，来到历山下，将部队埋伏在路旁。由于日军龟缩在碉堡里，强攻是会吃亏的，于是采取了“引蛇出洞”的办法，孔副连长指派一名战士从小路悄悄摸上山，有意开枪打死碉堡上的流动哨兵，惊动了里面的敌人，日兵纷纷冲出碉堡，边开枪边朝山下追赶，进入我军伏击圈。这时孔副连长一声令下，我军枪炮声响成一片，密集的子弹、手榴弹在敌群中开了花，跑在前面的日军当场被击毙，后面的顾头不顾屁股地拼命撤退钻进碉堡。这一仗打得干脆利索，十几分钟，击毙日军十多人，俘虏二名，缴获“三八大盖”十几支，子弹数百发。日军连连吃亏，再也不敢放肆下山进村抢劫了。

1945 年 3 月，沿江地委黄书记带领新四军四个连（包括操庆水领导的一个连），共五百多人，从祁门来到姚黄拨据点。新四军进村后，迅速将投靠日军的自卫队两座碉堡围困，采取以多胜少、以强攻弱的战术，立即组织火力强攻。敌人很狡猾，龟缩在碉堡里不出来。黄先同志命令两个战士找来两捆干茅柴，烧碉堡大门，打开缺口，并组织机枪手对准敌人火力点扫射，毙敌两名枪手。熊熊大火，烧毁了碉堡大门，火焰从下而上扩散，碉堡里的日伪军被烈火和浓烟熏烤得鬼哭狼嚎，纷纷丢下枪支，拼命挤出碉堡，屈膝投降。不等天亮，全部结束战斗。我方无一伤亡，捣毁了两座碉堡，全歼守敌，缴获步枪三十八支、手枪一支和子弹等物，军民敲锣打鼓庆贺胜利。

花山游击队一直坚持到奉命北撤。在一年多时间里，他们用鲜血和生命保卫了马田根据地，东至人民至今仍深深怀念他们。

（本文选自安徽文化网）

三八式步枪

我给红军带过路

口述/宗维功　整理/佚　名

我家在湾湾村，距离吴起镇七八公里。中央红军1935年长征到吴起镇时，我才20岁。

1935年9月的一天，

我正在垴畔山割糜子，忽然听见宗圪堵军号声连连吹响。当时我弄不清是啥事情。待我把糜子背下来到场上时，红军部队已经进了我们村子。再看时，我家里也来了军队。我赶忙到院子里，他们看见我，说："我们是毛主席领导的奉（红）军，是老百姓的队伍，你不要怕，我们与穷人是一家人。"我先前就听说过红军是为穷人打土豪、分田地的，因此心里并不害怕。又看到战士们在我家院子里都规规矩矩地休息着，没一个乱走乱跑的，也不随便进窑洞里去，我想，"真是好队伍"，心里就更踏实了，便主动找部队的干部商量在我家安排住处。湾湾村和李洼子两个庄安排了一个团的红军，所有的闲窑、旧窑、烂窑（不封口的）都住了红军战士，就连院子里也搭了棚子住了人。部队人很多，从湾湾村、李洼子一直到杨青川口的石碑湾，所有的村子都住满了人。

住在湾湾村和李洼子的部队要到高洼向富农豪绅要粮食，我就给他们带路去。我带部队到了高洼，高洼的高彦华、高彦忠、高彦富都跑了，只有老头子高振明因年纪大了没有跑。我对他说："红军部队来了，需要你家出些粮，只要你给了粮，就不打你家的'土豪'了，不然的话，还要划分你家的财产呢！"高振明吓得直打哆嗦，祷告说："我家对面石砭上的窑子里有粮食，请贵军搬着用吧，再要我家帮啥忙，我一定尽力，不敢违抗！"红军战士们说："你要老实点，我们就要粮食！"说完，我便带红军战士到窑子里搬粮食。红军战士打开窑子门，共搬出粮食（红糜子）八百斤。

搬完粮食回来，太阳快要落山了。红军战士又要我带他们去豹新庄。豹新庄对面的山就是豹梁寨子。红军共有七

吴 起

个人，扛了一挺重机枪。到豹新庄后红军战士让豹新庄的老百姓喊出豹梁寨张家民团的十几个人。红军战士对他们说：“革命的红军部队是欢迎投降起义人员的，只要你们能献出‘土围子’，我们欢迎你们也来参加革命的队伍，限你们今天晚上作出决定！”那十几个张家匪兵齐齐地站在山畔上细听着。红军战士说完后，扛机枪的战士早就定好了射击的目标，只听得“嗒嗒嗒”……一排子弹射到了山畔上，正好打在那十几个匪兵的脚底下，没伤一个人。吓得那十几个匪兵抱头鼠窜，逃回寨子了。红军战士们哈哈笑起来说：“对他们宣传宣传，教训一番是有好处的，让他们知道工农红军的厉害！”

这天晚上，张家的民团惊恐万状，生怕中央红军乘夜攻打寨子。他们用木棒缠了烂布烂棉花，蘸了清油点成火把，站到寨子围墙上。半夜时，张六、张七就带着众匪逃跑了。

吴起革命旧址

第二天，在湾湾村和李洼子住的红军部队分为两部分，一部分从三道川进去，穿过金堂口子，过了二道川的河，上胜利山配合战斗了；一部分去攻打豹梁寨子，红军战士们叫打“土围子”。他们包围寨子后，团匪早已逃跑了，于是就打开了张家的粮库。粮库共存粮四十万余斤，既解决了中央红军在吴起镇吃粮的大问题，也救济了当地的老百姓。

红军在我们村住到第六天就走了，村里派我去送他们。我赶着牲口（驴、骡），驮着物品，和红军一块从宁塞川出发，一直到了桃梨洼。以后的路平了，再也没山路了，离顺宁也不远了，红军可以自己赶着牲口行走，我也就返回湾湾村了。

（本文选自陕西文化信息网）